HEYNE <

Das Buch
Richtungsweisend für jeden spirituellen Sinnsucher bringt Thich Nhat Hanh sein Lebenswissen und seinen unermesslichen Erfahrungsschatz auf den Punkt. In sieben elementaren, einfach anwendbaren Lehren vermittelt er die Kunst der Achtsamkeit. Dieser Weg führt uns zu tiefen Einsichten, die uns von Angst, Ärger, Stress und falschen Vorstellungen über das Leben und den Tod befreien. So finden wir Frieden, Glück und Freiheit, die wir in jedem Augenblick unseres Lebens berühren und erfahren können.

Der Autor
Thich Nhat Hanh, geboren 1926 in Vietnam, ist buddhistischer Mönch, Zen-Meister, Schriftsteller, Friedensaktivist und einer der bedeutendsten spirituellen Lehrer der Gegenwart. Die schmerzhaften Erfahrungen des Vietnamkriegs haben sein Bewusstsein dafür gestärkt, wie die buddhistische Lehre und insbesondere die Entwicklung von Achtsamkeit dazu beitragen können, Konflikte zu lösen oder erst gar nicht entstehen zu lassen. Seine Sanftheit und seine liebevolle, alltagsnahe Sprache ziehen Menschen über alle kulturellen und religiösen Grenzen hinweg an. Thich Nhat Hanh lebt und wirkt in seinem Klosterzentrumzentrum *Plum Village* in Südfrankreich.

THICH NHAT HANH

Leben ist, was jetzt passiert

Das Geheimnis der Achtsamkeit

Aus dem Englischen übersetzt von Jochen Lehner

WILHELM HEYNE VERLAG
MÜNCHEN

Die in diesem Buch vorgestellten Informationen und Empfehlungen sind nach bestem Wissen und Gewissen geprüft. Dennoch übernehmen die Autorin und der Verlag keinerlei Haftung für Schäden irgendwelcher Art, die sich direkt oder indirekt aus dem Gebrauch der hier beschriebenen Anwendungen ergeben. Bitte nehmen Sie im Zweifelsfall bzw. bei ernsthaften Beschwerden immer professionelle Diagnose und Therapie durch ärztliche oder naturheilkundliche Hilfe in Anspruch.

FSC
www.fsc.org
MIX
Papier | Fördert gute Waldnutzung
FSC® C014496

Penguin Random House Verlagsgruppe FSC® N001967

4. Auflage
Taschenbucherstausgabe 10/2021

Redaktion: Bruder Đức Niệm
Umschlaggestaltung: Guter Punkt GmbH & Co. KG, München,
unter Verwendung eines Motivs von © Subbotina Anna/shutterstock
Satz: Satzwerk Huber, Germering
Druck und Bindung: GGP Media GmbH, Pößneck
ISBN 978-3-453-70417-6

www.heyne.de

Inhalt

Vorwort zur deutschen Ausgabe

Ich habe Thầy *(wie wir Thich Nhat Hanh liebevoll nennen)* das erste Mal persönlich 1986 in meinem Heimatland England gesehen, als ich 37 Jahre alt war. Er ist mit Schwester Chan Khong aus Frankreich angereist und ich ging zum Flughafen, um sie zu empfangen. Sie haben mich voller Wärme und Freundlichkeit begrüßt und ich hatte schon in diesem Moment das Gefühl, dass sie beinahe ein Teil meiner eigenen Familie sind. Thầy hat mich – ebenso wie alle seine Schülerinnen und Schüler – über die Jahre hinweg mit dem Mitgefühl und der liebevollen Güte eines Vaters, einer Mutter oder eines Großvaters behandelt. Tatsächlich nennen ihn seine vietnamesischen Schüler oft »*Sư Ông*«, das wörtlich »Großvater-Lehrer« bedeutet. Thầy spricht seine Zuhörer und Schüler sehr persönlich und direkt an. Aus diesen Gründen haben wir uns entschieden, das englische »*you*« in diesem Buch mit »du« zu übersetzen.

Der englische Originaltitel dieses Buches lautet »*The Art of Living*« (»Die Kunst des Lebens« oder »Die Kunst *zu* leben«). Thầy wurde oft gefragt »Was passiert, wenn wir sterben?« und seine Antwort ist, dass wir wissen sollten, wie man auf eine tiefe Weise lebt und wie man tief schaut, um die wahre Natur von Geburt und Tod zu verstehen. Der deutsche Titel »*Leben ist, was jetzt passiert*« spiegelt diese Lehre ebenfalls wider, die besagt, dass wir die Natur des Lebens verstehen können, indem wir auf eine tiefe Weise im gegenwärtigen Moment leben; und das Leben zu verstehen bedeutet, den Tod zu verstehen. Leben ist nicht etwas, das einfach geschieht, wir können, ja wir sollen es aktiv gestalten. Oder wie Thầy in diesem Buch so prägnant formuliert: »*Ob dieser Augenblick ein glücklicher ist oder nicht, liegt an dir. Du bist es, der den Augenblick zu einem glücklichen macht, es ist nicht der Augenblick, der dich glücklich macht.*« Achtsamkeit ist eine Art zu leben, eine Kunst, ein Weg.

Die Lehren in diesem Buch handeln von Keine-Geburt und Kein-Tod, aber sie sind keine Theorie. Es wird nicht erwartet, dass du etwas glaubst, sondern dass du Achtsamkeit und Konzentration benutzt, um zu sehen, wie die Dinge wirklich sind. Diese Lehren sind wie ein Finger, der zum Mond zeigt, oder wie ein Streichholz. Die Flamme Ihrer eigenen Einsicht wird das Streichholz verbrennen, das Sie dann nicht mehr brauchen.

Im allerersten Retreat von Thầy, das ich besuchte, sprach er schon über einige der Lehren wie Leerheit, Zeichenlosigkeit und Absichtslosigkeit, die in diesem Buch zu finden sind. Normalerweise hat Thầy erst in dem letzten Dharma-Vortrag eines Retreats über diese Lehren gesprochen, denn sie sind sehr tief und wundervoll und es wäre zu schwierig für uns sie zu verstehen, wenn wir zuvor nur einige wenige Stunden praktiziert haben. Aber wenn wir mit der Sangha für vier oder fünf Tage praktizieren, dann öffnen sich unser Herz und Geist und wir sind imstande, auch tiefere Lehren zu empfangen. Im letzten Dharma-Vortrag meines ersten Retreats hat Thầy ein Blatt Papier hochgehalten und fragte uns, ob wir eine Wolke darin sehen können. Und er fragte dann, wann das Blatt Papier geboren wurde. Daraufhin verbrannte er das Papier und fragte uns, ob die Wolke gestorben sei.

Dieses Buch hat viele Erläuterungen, die dir helfen werden, Achtsamkeit zu praktizieren. Um den größten Nutzen von den Lehren dieses Buches zu erhalten, solltest du zumindest einige der Achtsamkeitsübungen praktizieren, die hier beschrieben werden, während du dieses Buch liest. Lies langsam, ein kleines bisschen auf einmal, und wenn du eine Einsicht hast, dann lege das Buch kurz zur Seite und genieße dein achtsames Atmen, damit dein Körper und Geist die Einsicht empfangen können. Falls du, während du das Buch liest, aufstehen musst, um z. B. zur Haustür oder in die Küche zu gehen, dann geh achtsam zur Türe und genieße jeden Schritt.

Thầy hat das schreckliche Leiden von zwei Kriegen in Vietnam durchlebt und dieses Leiden führte nicht dazu, dass er verbittert oder verzweifelt wurde. Ganz im Gegenteil: Es hat zu großem Mitgefühl und Verstehen geführt. Wir alle haben die Fähigkeit, zu verstehen und mitfühlend zu sein, und dieses Buch hilft uns dabei, dass wir uns nicht vor dem Leiden fürchten, sondern sehen, wie wir Leiden nutzen können, um Mitgefühl zu entwickeln – zuerst für uns selbst und danach für andere.

Ich wuchs als Christin auf und benutzte das Wort »Gott«, ohne jedoch wirklich zu wissen, was dies bedeutet. Dieses Buch geht auch auf die Frage nach Gott ein, obwohl es von einem buddhistischen Mönch geschrieben wurde. Schon seit seiner ersten Reise in die USA in den 1960er-Jahren war Thầy in engem Kontakt mit christlichen Denkern und Praktizierenden, u.a. verband ihn eine tiefe Freundschaft mit Dr. Martin Luther King und Thomas Merton. Thầys Einsichten über das Christentum und insbesondere über Gott haben mir sehr geholfen, eine Tür zu eröffnen, um die Religion meiner Kind- und Jugendzeit besser zu verstehen und wertzuschätzen.

Unser größter Wunsch ist es, dass du die Zeit und die Bedingungen hast, um die Übungen dieses Buches genießen zu können und dadurch die Frucht der Nicht-Angst verwirklichen zu können. Falls du die Möglichkeit hast zu einem unserer Achtsamkeitspraxiszentren in Deutschland oder Frankreich zu einem Retreat zu kommen, wäre das wundervoll.

Schwester Chan Duc (True Virtue),
Leiterin der Praxis, Europäisches
Institut für Angewandten Buddhismus,
Waldbröl

Vorwort von Schwester Chan Khong

Das erste Mal habe ich einen Vortrag von Thich Nhat Hanh 1959 im Xa-Loi-Tempel in Saigon gehört. Ich war Studentin und voller Fragen über das Leben und den Buddhismus. Obwohl er noch ein junger Mönch war, so eilte ihm bereits der Ruf als Dichter und vollendeter Gelehrter voraus. Dieser erste Vortrag hinterließ bei mir einen tiefen Eindruck. Ich hatte noch nie jemand so schön und tiefgründig sprechen hören und war beeindruckt über seine Kenntnisse, seine Weisheit und über seine Vision eines tief in den alten Lehren verwurzelten und zugleich auf die Bedürfnisse unserer Zeit abgestimmten praktischen Buddhismus. Damals beteiligte ich mich bereits an der Sozialarbeit in den Slums und träumte davon, die Armut lindern und zur Einleitung eines gesellschaftlichen Wandels beitragen zu können. Nicht alle unterstützten meinen Traum, aber »Thầy« bestärkte mich sehr darin. Er sagte mir, er sei sich sicher, dass jeder Mensch das Erwachen berühren könne durch die Arbeit, die er oder sie besonders gern tut.

Wichtig sei vor allem, dass wir ganz wir selbst sind und so tief und achtsam leben, wie wir können. Ich wusste, dies ist der Lehrer, den ich gesucht hatte.

Fünfzig Jahre ist es mir seither vergönnt, Thich Nhat Hanhs Schülerin zu sein und seine Arbeit zu unterstützen: Den Aufbau von Programmen für die Sozialarbeit in Vietnam, die Friedensarbeit in Paris, die Rettung von Bootsflüchtlingen auf hoher See und schließlich die Einrichtung von Zentren für die Achtsamkeitspraxis in Europa, den USA und Asien. Ich konnte verfolgen, wie sich Thầys Art zu lehren entwickelte und vertiefte, wie er sie immer wieder an die veränderten Bedürfnisse und Anforderungen dieser Zeit anpasste. Nur zu gern widmete er sich dem Dialog mit führenden Wissenschaftlern, Medizinern, Politikern, Pädagogen, Geschäftsleuten und Pionieren der technischen Entwicklung. Stets ging es ihm um ein tieferes Verstehen der Herausforderungen unserer Zeit und die Entwicklung einer entsprechend angepassten, wirksamen Achtsamkeitspraxis. Immer wieder und bis zu seinem völlig unerwarteten schweren Schlaganfall mit achtundachtzig Jahren im November 2014 gelangte er zu bahnbrechenden Einsichten in die grundlegenden buddhistischen Lehren. Oft nahm er, durchdrungen von reiner Freude, nach seiner Gehmeditation den Pinsel zur Hand und hielt seine Einsichten in kurzen kalligrafischen Sätzen fest. Viele davon sind in diesem Buch zu finden.

Es ist ein ganz besonderes Buch geworden, herausgegeben von seinen monastischen Schülern. Es birgt die Essenz all dessen, was er in den letzten beiden Jahren seiner Lehrtätigkeit über die Kunst des achtsamen Lebens gesagt hat. Insbesondere enthält es die bahnbrechenden Vorträge, die er im Rahmen des 21-Tage-Retreats gehalten hat, das im Juni 2014 in Plum Village in Frankreich stattfand. Das Thema war: »Was geschieht, wenn wir sterben? Was geschieht, wenn wir leben?«

Mich berührt es immer wieder tief, zu erleben, wie Thầy selbst all das lebt, was er lehrt. Er ist wahrlich ein Meister dieser Lebenskunst. Er liebt das Leben und hat bei allem, was er im Laufe so vieler Jahre erlebt hat – Krieg, Exil, Verrat und Krankheit – niemals aufgegeben. Er hat Zuflucht zu seinem Atem und zum Wunder des gegenwärtigen Augenblicks genommen. Thầy ist ein Überlebender, ein Lebenskünstler. Er hat überlebt dank der Liebe seiner Schülerinnen und Schüler und der ganzen Gemeinschaft, und Nahrung geben ihm dabei seine Meditation, das achtsame Atmen und die entspannenden Momente des Gehens oder Ruhens in der Natur. Ich konnte in Kriegs- und Notzeiten, aber auch in Zeiten des Friedens und der Harmonie mit eigenen Augen verfolgen, wie die Weisheit, von der auch dieses Buch spricht, Thầy die Möglichkeit gab, die Freuden und Leiden des Lebens furchtlos und mitfühlend, voller Vertrauen und Hoffnung zu bejahen. Ich wünsche dir gutes Gelingen bei der Umsetzung der Lehren dieses Buchs in deinem Alltag. Du folgst darin Thầys Spuren, um Heilsames, Liebe und Glück in dein eigenes Leben, in deine Familie und in die Welt zu tragen.

Schwester Chang Khong

Einleitung

Wir sind der Erde so nah, dass wir manchmal vergessen, wie schön sie ist. Aus der Ferne des Alls gesehen, wirkt unser blauer Planet wie ein von Leben erfülltes Paradies – das allerdings der unermesslichen Weite eines lebensfeindlichen Kosmos ausgesetzt ist. Bei der ersten Mondmission verschlug es den Astronauten die Sprache, als sie die Erde über dem wüstenleeren Horizont des Mondes aufgehen sahen. Wir wissen, dass es auf dem Mond keine Bäume, Flüsse und Vögel gibt, und bisher wurde noch kein Planet entdeckt, auf dem Leben wie auf der Erde existiert. Von Astronauten, die weit draußen in Raumstationen ihre Runden drehen, hören wir immer wieder, dass sie in ihrer Freizeit hauptsächlich die tief unten vorbeiziehende Erde bestaunen. Aus der Ferne betrachtet, sieht unsere Erde wie ein riesiges, atmendes Lebewesen aus. Die Astronauten sind überwältigt von ihrer Schönheit und empfinden große Liebe für die ganze Erde. Ihnen wird bewusst, dass Milliarden Menschen auf diesem kleinen Planeten leben, mit allem, was solch ein Leben an Freude, Glück und Leid mit sich bringt. Und angesichts von Gewalt, Krieg, Hunger und Umweltzerstörung steht ihnen sehr klar vor Augen, dass dieser wunderbare kleine blaue Planet, so zart und kostbar, unersetzlich ist. Ein Astronaut hat einmal gesagt: »Wir fuhren als Techniker zum Mond; wir kamen als Menschenfreunde zurück.«

In der Wissenschaft geht es darum, die Dinge zu verstehen. Sie macht uns ferne Sterne und Galaxien und unseren eigenen Platz im Universum verständlich, dieses innig verwobene Ganze aus Materie, lebenden Zellen und unserem eigenen Körper. Wissenschaft und Philosophie möchten die Natur der Existenz und den Sinn des Lebens ergründen.

Spiritualität ist auch ein Forschungs- und Studiengebiet. Wir möchten uns selbst, die Welt um uns herum und unser Dasein auf dieser Erde verstehen. Wir möchten herausfinden, wer wir eigentlich sind und wir möchten unser Leiden verstehen. Sobald das möglich wird, entsteht Raum für Akzeptanz und Liebe und dies bestimmt die Qualität unseres Lebens. Wir alle brauchen Verstehen und Liebe. Und wir alle möchten selbst verstehen und lieben.

Spiritualität ist nicht dasselbe wie Religion. Es ist der Weg, auf dem wir zu Glück, Verstehen und Liebe finden, sodass wir jeden Augenblick unseres Lebens wahrhaft leben können. Eine spirituelle Dimension in unserem Leben zu haben bedeutet nicht, dass wir dem Leben ausweichen oder abseits dieser Welt in reiner Glückseligkeit verweilen; vielmehr finden wir auf diesem Weg heraus, wie wir mit den Schwierigkeiten des Lebens umgehen und Frieden, Freude und Glück genau da finden können, wo wir sind, auf diesem wunderschönen Planeten.

Die Praxis der Achtsamkeit, Konzentration und Einsicht im Buddhismus hat viel vom Geist der Naturwissenschaft. Wir verwenden hier jedoch keine kostspieligen Apparaturen und Messinstrumente, sondern bedienen uns des klaren Geistes und der Stille, um offen und unvoreingenommen die Realität zu erkunden und tiefe Einblicke zu gewinnen. Wir möchten wissen, woher wir kommen und wohin wir gehen. Vor allem aber möchten wir glücklich sein. Die Menschheit hat viele hochtalentierte Künstler, Musiker und Architekten hervorgebracht, aber wie viele von uns haben die Kunst gemeistert, einen Moment des Glücks hervorzubringen – für uns selbst und für die Menschen um uns herum?

Wie alle Lebewesen dieser Erde sind wir stets auf der Suche nach den idealen Umständen, unter denen wir unser Potenzial am besten entfalten können. Dabei wollen wir aber nicht nur überleben. Wir möchten leben. Aber was bedeutet es eigentlich, lebendig zu sein? Und was bedeutet es zu sterben? Was geschieht, wenn wir sterben? Gibt es ein Leben nach dem Tod? Gibt es Reinkarnation? Werden wir unsere Lieben wiedersehen? Haben wir eine Seele, die in den Himmel, ins Nirvana oder zu Gott eingeht? Fragen dieser Art bewegen jeden in seinem Herzen. Manchmal finden wir Worte dafür, manchmal bleiben sie unausgesprochen, aber sie sind immer da, ihr Ziehen bleibt in unseren Herzen jedes Mal spürbar, wenn wir über unser Leben nachdenken, wenn wir an geliebte Menschen oder an unsere alt werdenden oder kranken Eltern oder an bereits Gestorbene denken.

Wie können wir anfangen, Antworten auf solche Fragen über Leben und Tod zu finden? Eine überzeugende Antwort, die richtige Antwort, muss beweiskräftig sein. Es ist nicht eine Frage des Vertrauens oder des Glaubens, sondern des tiefen Schauens. Zu meditieren bedeutet, tief zu schauen und Dinge zu sehen, die andere nicht sehen, einschließlich der falschen Anschauungen, auf die unsere Leiden zurückzuführen sind. Wer sich von diesen falschen Anschauungen zu lösen vermag, kann die Kunst meistern, glücklich in Frieden und Freiheit zu leben.

Die erste falsche Ansicht, von der wir uns befreien müssen, liegt in der Vorstellung, wir seien ein separates Selbst, das vom Rest der Welt getrennt ist. Wir neigen dazu, uns als ein separates Selbst zu sehen, das zu einem bestimmten Zeitpunkt geboren wurde und irgendwann sterben muss und dazwischen – in der Zeit, die wir »mein Leben« nennen – gleichbleibend ist. Solange wir diese falsche Ansicht haben, leiden wir und fügen anderen in unserer Umgebung, anderen Lebewesen und unserer kostbaren Erde Schaden zu. Die zweite Anschauung, zu der viele neigen, ist, dass wir nur dieser Körper sind und dass wir aufhören zu existieren, wenn wir sterben. Dadurch sind wir nicht nur blind für unsere vielfache Verflochtenheit mit der Welt um uns herum, sondern auch für die vielfältigen Weisen, in denen wir nach dem Tod fortgeführt werden. Die dritte falsche Anschauung liegt in dem Glauben, dass alles, was wir suchen und uns wünschen – sei es Glück, der Himmel oder Liebe –, nur außerhalb von uns und in einer fernen Zukunft zu finden ist. So jagen wir diesen Dingen vielleicht ein Leben lang nach oder warten auf sie und realisieren nicht, dass sie in uns zu finden sind, genau hier im gegenwärtigen Moment.

Es gibt drei grundsätzliche Praxisformen, mit denen wir uns von diesen falschen Ansichten befreien können, nämlich die Konzentration auf die *Leerheit*, die Konzentration auf die *Zeichenlosigkeit* und die Konzentration auf die *Absichtslosigkeit*. Sie sind in allen Schulen des Buddhismus bekannt und werden als die »Drei Tore der Befreiung« bezeichnet. Diese drei Konzentrationen geben uns eine tiefe Einsicht darüber, was es bedeutet, lebendig zu sein und was es bedeutet, zu sterben. Mit ihrer Hilfe können wir Gefühle wie Kummer, Angst, Einsamkeit und Entfremdung transformieren. Sie besitzen die Kraft, uns von falschen Anschauungen zu befreien, sodass wir auf eine tiefe Weise leben und uns dem Sterben und Tod ohne Angst, Ärger und Verzweiflung stellen können.

Darüber hinaus können wir die Erfahrung von vier weiteren Konzentrationen erkunden: auf *Unbeständigkeit, Nicht-Begehren, Loslassen* und *Nirvana*. Diese vier finden sich im *Sutra vom vollen Gewahrsein des Atems*, einem wunderbaren frühbuddhistischen Text. Die Konzentration der Unbeständigkeit befreit uns von der Neigung, so zu leben, als würden wir und unsere Lieben immer hier sein. Bei der Konzentration auf das Nicht-Begehren nehmen wir uns die Zeit, um uns hinzusetzen und herauszufinden, was Glück eigentlich ist. Wir entdecken, dass wir eigentlich schon mehr als genug Bedingungen haben, um glücklich zu sein – genau hier und im jetzigen Moment. Mit der Konzentration auf das Loslassen können wir schmerzliche Gefühle auflösen und so unser Leiden transformieren. Wenn wir bei allen diesen Konzentrationen tief schauen, können wir den Frieden und die Freiheit von Nirvana berühren.

Diese sieben Konzentrationen sind von höchst praktischem Wert. Zusammen helfen sie uns, zur Wirklichkeit aufzuwachen und wert zu schätzen, was wir haben, sodass wir wahres Glück im Hier und Jetzt berühren können. Und sie verhelfen uns zu der Einsicht, die wir brauchen, sodass wir die Zeit, die wir haben, als sehr kostbar ansehen, uns mit unseren Liebsten versöhnen und unser Leiden in Liebe und Verstehen verwandeln. Darin besteht die Kunst zu leben.

Wir müssen unsere Achtsamkeit, Konzentration und Einsicht verwenden, um zu verstehen, was es bedeutet, lebendig zu sein und was es bedeutet, zu sterben. Wissenschaftliche und spirituelle Entdeckungen oder Erkenntnisse können wir als »Einsichten« bezeichnen und die Praxis, mit der wir diese Einsichten bewahren und vertiefen, als »Konzentration«.

Die Einsichten der Wissenschaft und Spiritualität bieten uns im 21. Jahrhundert die Chance, die Grundursachen menschlicher Leiden zu bezwingen. Während im 20. Jahrhundert noch Individualismus und Konsum das Bild beherrschten, rückt jetzt die Erkenntnis der Verbundenheit und Interdependenz aller Dinge in den

Mittelpunkt, begleitet von Bemühungen um neue Formen der Solidarität und des Miteinanders. Bei der Meditation über die sieben Konzentrationen haben wir Gelegenheit, alles im Licht wechselseitiger Abhängigkeit zu sehen. Das befreit uns von falschen Anschauungen und durchbricht die Barrieren des unterscheidenden Denkens. Die Freiheit, die wir suchen, ist nicht die Freiheit, die selbstzerstörerisch ist oder anderen oder der Umwelt schadet, sondern die Freiheit, die uns von Einsamkeit, Zorn, Hass, Angst, Begehren und Verzweiflung befreit.

Die Lehre des Buddha ist klar, wirkungsvoll und leicht zu verstehen. Sie eröffnet uns eine Lebensform, die nicht nur uns persönlich, sondern der ganzen Menschheit nützt. Wir entscheiden heute über das Geschick unseres Planeten. Der Buddhismus ist die klarste Formulierung des Humanismus, die wir je gehabt haben. Es sind unsere Einsichten und unser Handeln, die uns retten werden. Wenn wir zu unserer wahren Situation aufwachen, wird es eine kollektive Veränderung in unserem Bewusstsein geben und dann besteht Hoffnung.

Führen wir uns also vor Augen, wie die sieben Konzentrationen – tiefe Einsichten in die Wirklichkeit – unsere Situation und unser Leiden beleuchten. Wenn du beim Lesen auf dir fremde Dinge stößt, dann atme einfach. Dieses Buch ist eine Reise, die wir gemeinsam unternehmen, wie ein Waldspaziergang, bei dem wir die Wunder unserer kostbaren Erde bestaunen. Wir werden hier auf einen Baum mit besonders schöner Rinde stoßen und dort beeindruckende Felsformationen oder abseits des Weges leuchtendes Moos entdecken, und dann wünschen wir uns, dass auch unsere Weggefährten in den Genuss solcher Schönheit kommen. Gelegentlich werden wir auf dem Weg gemeinsam sitzen und picknicken oder etwas später auf unserer Reise aus einer klaren Quelle trinken. So ist dieses Buch gemeint. Von Zeit zu Zeit werden wir innehalten und uns ausruhen, etwas Kleines trinken oder einfach zusammensitzen, und die Stille zwischen uns wird bereits vollkommen sein.

Stille

In Plum Village, dem Zentrum für Achtsamkeitspraxis in Frankreich, in dem ich lebe, hatten wir früher eine überdachte Terrasse, die wir »Regen-Lausch-Veranda« nannten. Wir hatten sie eigens zu diesem Zweck gebaut: einfach nur um dem Regen zu lauschen und an nichts denken zu müssen. Das hilft, damit Gemüt und Verstand tatsächlich still werden können.

Es ist nicht schwierig, innere Stille zu erreichen. Du brauchst mit deiner Aufmerksamkeit nur bei einer einzigen Sache zu bleiben. Solange du ausschließlich dem Regen lauschst, denkt dein Kopf über nichts anderes nach, und du musst die Stille nicht eigens erzeugen. Du entspannst dich einfach und lauschst dem Regen. Je länger das gelingt, desto tiefer wird die innere Stille.

Wir sitzen still da, und in diese Stille können sich uns die Dinge so zeigen, wie sie wirklich sind. Wenn der

Körper entspannt ist und der Geist zur Ruhe kommt, dann können wir klar sehen. Wir werden ruhig und klar wie ein Bergsee, in dessen unbewegter Oberfläche sich der blaue Himmel, die Wolken und die Gipfel ringsum genauso spiegeln, wie sie sind.

Solange wir unruhig sind und unser Geist sich nicht »gesetzt« hat, erkennen wir die Wirklichkeit nicht in aller Klarheit. Dann sind wir wie der See an einem windigen Tag, zu aufgewühlt, um deutliche Spiegelbilder zu zeigen. Sobald wir jedoch in die Stille zurückfinden, können wir tief schauen und anfangen, die Wahrheit zu erkennen.

Übung: die Kunst des Atmens

Achtsames Atmen ist eine wunderbare Möglichkeit, im Körper und bei den Gefühlen Ruhe einkehren zu lassen sowie Stille und Frieden wiederherzustellen. Achtsam zu atmen ist nicht schwierig, jeder kann es, sogar Kinder.

Wenn wir achtsam atmen, bringen wir Körper und Geist in Harmonie, wir konzentrieren uns auf das Wunder des Atems. Unser Atem ist so schön wie Musik.

Beim Einatmen weißt du, dass du einatmest. Du sammelst deine gesamte Aufmerksamkeit auf das Einatmen. Du atmest ein, und im ganzen Körper breiten sich Frieden und Harmonie aus.

Auch beim Ausatmen *weißt* du, dass du ausatmest. Auch dabei entstehen Ruhe und Entspannung, du lässt los. Du gestattest allen Muskeln in deinem Gesicht und deinen Schultern, sich zu entspannen.

Das Ein- und Ausatmen geschieht ohne Zwang, es bedarf keinerlei Anstrengung. Du brauchst dich nicht einzumischen, du lässt dem Atem seinen natürlichen Lauf und Rhythmus.

Stell dir beim Ein- und Ausatmen vor, dass jemand einen langen Ton auf der Violine spielt und mit dem Bogen hin und her über eine Saite streicht. Es klingt wie ein ununterbrochener Ton. Wollten wir den Atemverlauf zeichnen, würde er wie eine Acht und nicht wie eine gerade Linie aussehen: Das Ein- und Ausströmen des Atems geht kontinuierlich vor sich. Dein Atem wird selbst zur Musik.

Wenn wir so atmen, ist das Achtsamkeit, und wenn du diese Achtsamkeit aufrechterhältst, wird Konzentration oder Sammlung daraus. Wo auch immer es Konzentration gibt, kommt es zur Einsicht, zu einem Durchbruch, der unser Leben reicher an Frieden, Verstehen, Liebe und Freude werden lässt.

Bevor wir fortfahren, wollen wir für einen Augenblick gemeinsam die Musik unseres Atmens genießen.

Ich atme ein und genieße mein Einatmen.
Ich atme aus und genieße mein Ausatmen.

Beim Einatmen komme ich mit meinem ganzen Körper in Einklang mit dem einströmenden Atmen.

Bei Ausatmen kommt mein ganzer Körper im ausströmenden Atem zur Ruhe.

Beim Einatmen genießt mein ganzer Körper den Frieden meines Einatmens.

Beim Ausatmen genießt mein ganzer Körper die Entspannung meines Ausatmens.

Ich atme ein und genieße
die Harmonie meines Einatmens.
Ich atme aus und genieße
die Harmonie meines Ausatmens.

– 1 –

Leerheit – das Wunder des Interseins

Leerheit heißt: erfüllt sein von allem, aber leer von einer separaten Existenz.

Stell dir eine Blume vor; es kann eine Orchidee, eine Rose oder ein bescheidenes kleines Gänseblümchen am Wegrand sein. Beim Blick in die Blüte erkennen wir, dass sie voller Leben ist. Der Erdboden ist in ihr, der Regen, der Sonnenschein. Sie ist auch voll von Wolken und den Ozeanen und Mineralien. Sie enthält sogar Raum und Zeit – tatsächlich ist der ganze Kosmos in dieser kleinen Blüte präsent. Nähmen wir irgendeines dieser »Nicht-Blumen-Elemente« weg, wäre die Blume nicht mehr da. Ohne die Bodennährstoffe könnte die Blume nicht wachsen, ohne Regen und Sonnenschein würde sie sterben. Nähmen wir sämtliche Nicht-Blumen-Elemente weg, wäre nichts Substanzielles mehr da, was »Blume« genannt werden könnte. Somit sagt uns unsere Beobachtung, dass der gesamte Kosmos in der Blume gegenwärtig und sie leer von einer gesonderten, separaten Eigenexistenz ist. Eine Blume kann nicht für sich allein existieren.

Auch wir sind erfüllt von so vielen Dingen, aber »leer von« einem für sich existierenden Selbst. Wie die Blume enthalten auch wir Erde, Wasser, Luft, Sonnenlicht und Wärme. In uns sind Raum und Bewusstsein, ebenso wie unsere Vorfahren, Eltern und Großeltern, Bildung, Nahrung und Kultur. Der ganze Kosmos versammelt sich, um die wunderbare Manifestation hervorzubringen, die wir sind. Nehmen wir irgendeines dieser »Nicht-Wir-Elemente« weg, wird sich zeigen, dass kein »Wir« mehr da ist.

Leerheit: das erste Tor der Befreiung

Leerheit oder Leere ist nicht als ein Nichts zu verstehen. Dass wir leer sind, bedeutet nicht, dass wir nicht existieren. Damit etwas voll oder leer sein kann, muss es zunächst einmal vorhanden sein. Wenn du eine Tasse als leer bezeichnest, muss eine Tasse da sein, die leer sein kann. Auch wir müssen zunächst vorhanden sein, damit gesagt werden kann, wir seien »leer von« einem dauerhaften separaten Selbst.

Es ist etwa dreißig Jahre her, dass ich ein Wort für unsere tiefe Verbundenheit mit allem anderen gesucht habe. Mir gefiel das Wort »Miteinander«, aber schließlich wählte ich »Intersein«. Das Wort »sein« ist für sich allein insofern missverständlich, als wir nicht für uns allein sein können. »Sein« ist immer »Inter-sein«. Wenn wir das Präfix »Inter« mit dem Verb »Sein« kombinieren, erhalten wir ein neues Verb »inter-sein«. Intersein bildet die Realität treffender ab. Wir inter-sind miteinander und mit allem Leben.

Der Biologe Lewis Thomas, dessen Arbeit ich sehr schätze, führt uns vor Augen, dass unser Körper von unzähligen anderen Mikroorganismen »geteilt, gemietet und besetzt« wird, ohne die wir »keinen Muskel spannen, keinen Finger rühren und keinen Gedanken fassen« könnten. Unser Körper ist eine Gemeinschaft, und die Billionen nicht menschlicher Zellen in unserem Körper sind den menschlichen Zellen zahlenmäßig sogar überlegen. Ohne sie wären wir nicht hier in diesem Moment, und ohne sie könnten wir weder denken noch fühlen, noch sprechen. Einzelgänger, sagt Thomas, gibt es nicht. Die ganze Erde ist ein gigantischer, lebender und atmender Organismus, dessen Teile und Zellen in symbiotischer Gemeinschaft zusammenwirken.

Die Einsicht des Interseins

Leerheit und Intersein lassen sich überall in unserem Alltag beobachten. Wenn wir beispielsweise ein kleines Mädchen betrachten, können wir ohne Weiteres ihre Mutter und ihren Vater, ihre Großmutter und ihren Großvater in ihr erkennen – in ihrem Aussehen, in dem, was sie tut und sagt. Sogar in ihren Fähigkeiten und Begabungen ist sie den Eltern ähnlich. Auch wenn wir manche ihrer Verhaltensweisen nicht immer verstehen, ist es sinnvoll, uns vor Augen zu halten, dass sie kein für sich existierendes Ich ist. Sie ist vielmehr eine Fortführung, eine Kontinuation. Ihre Eltern und Vorfahren sind in ihr. Bei jedem Schritt und jedem Wort gehen und sprechen sie mit ihr. Indem wir in das Kind hineinschauen, kommen wir in Berührung mit seinen Eltern und Ahnen, und ebenfalls gilt, dass wir beim Anblick der Eltern auch das Kind sehen. Niemand existiert ganz für sich, wir inter-sind. Alles braucht alles andere im Kosmos, um sich zu manifestieren, das gilt für Sterne, Wolken, Blumen und Bäume ebenso wie für dich und mich.

Ich erinnere mich daran, wie ich einmal ich London meine Gehmeditation auf der Straße gemacht habe und mir in einem Schaufenster der Titel eines dort ausliegenden Buches in die Augen sprang: *»My Mother, Myself« (Wie meine Mutter)*. Ich habe das Buch nicht gekauft, weil mir so war, als wüsste ich ohnehin, was in ihm steht. Es trifft zu, dass wir alle eine Fortsetzung unserer Mutter sind. Wir *sind* unsere Mutter. Wenn wir also unserer Mutter oder unserem Vater böse sind, dann sind wir auch auf uns selbst nicht gut zu sprechen. An allem, was wir tun, sind auch unsere Eltern beteiligt. Das mag schwer zu akzeptieren sein, aber es ist die Wahrheit. Wir können nicht sagen, dass wir nichts mit unseren Eltern zu tun haben wollen, denn sie sind in uns und wir sind in ihnen. Wir sind die Fortführung aller unserer Vorfahren. Dank der Unbeständigkeit haben wir die Chance, unser Erbe zu transformieren und ihm eine gute neue Ausrichtung zu geben.

Wenn ich in meinem Mönchsquartier Räucherwerk darbringe oder mich vor dem Altar niederwerfe, dann tue ich das nicht als ein einzelnes Selbst, sondern als eine ganze Abstammungslinie. Auch beim Gehen, Sitzen und Essen oder wenn ich mich der Kalligrafie widme, geschieht es immer in dem Bewusstsein, dass alle meine Vorfahren in diesem Moment in mir sind. Ich bin deren Fortführung, deren Fortsetzung. Die Energie der Achtsamkeit erlaubt mir bei allem zu fühlen, dass nicht ich es tue, sondern wir es tun. Wenn ich den Pinsel halte, weiß ich, dass mein Vater aus meiner Hand nicht wegzudenken ist. Ich kann meine Mutter und meine Vorfahren nicht wegdenken. Sie sind in meinen Zellen, in meinen Gesten, ja, in meiner Fähigkeit, einen schönen Kreis zu malen. Ebenso wenig kann ich meine spirituellen Lehrer aus meiner Hand »entfernen« – sie bleiben gegenwärtig in dem Frieden, der Konzentration und der Achtsamkeit, die ich genieße, während ich den Kreisbogen ziehe. Wir malen den Kreis alle miteinander. Das wird nicht von einem für sich existierenden Selbst bewerkstelligt. Bei meinen Kalligrafie-Übungen rühre ich an die tiefe Wahrheit des Nicht-Selbst, und so werden sie zu einer tiefen Meditationspraxis.

Wir können einüben, alle Vorfahren und Lehrer in unserem gegenwärtigen Tun zu erkennen, und zwar bei der Arbeit genauso wie zu Hause. Wir können ihre Gegenwart erkennen, wenn wir unsere Begabungen und Fähigkeiten ausdrücken, die wir von ihnen geerbt haben. Wir können ihre Hände beim Kochen und

Geschirrspülen in unseren erkennen. Wir können eine tiefe Verbundenheit erfahren und uns von der Vorstellung befreien, dass wir ein separates, getrenntes Selbst sind.

Du bist ein Fluss

Wir können Leerheit unter dem Gesichtspunkt des räumlichen Interseins, das heißt unserer Beziehung zu allem und jedem ringsum betrachten. Wir können über Leerheit auch zeitlich unter dem Gesichtspunkt der Unbeständigkeit kontemplieren. Unbeständigkeit heißt, dass nichts in zwei aufeinanderfolgenden Momenten gleich bleibt. »Du steigst nicht zweimal in denselben Fluss«, wie Heraklit sagt. Der Fluss fließt ununterbrochen, und wenn wir kurz ans Ufer schwimmen und gleich wieder hineinspringen, ist es bereits anderes Wasser, ein anderer Fluss. In dieser kurzen Zeit haben auch wir uns selbst verändert. Jede Sekunde sterben in unserem Körper Zellen ab und neue werden geboren. Unsere Gedanken, Wahrnehmungen, Gefühle, Geisteszustände, all das ändert sich von einem Moment zum nächsten. Wir baden nicht zweimal im selben Fluss und im Fluss badet nicht zweimal derselbe Mensch. Körper und Geist sind ein Kontinuum, das sich ständig ändert. Auch wenn wir äußerlich scheinbar gleich bleiben und immer beim gleichen Namen gerufen werden, ändern wir uns doch ständig. Ganz egal mit welch ausgefeilten wissenschaftlichen Methoden und Instrumenten wir forschen, wir können nichts in uns finden, das gleich bleibt und das wir Seele oder Selbst nennen könnten. Und wenn wir die Realität der Unbeständigkeit erkannt haben, müssen wir auch die Wahrheit des Nicht-Selbst akzeptieren.

Die beiden Konzentrationen auf Leerheit und Unbeständigkeit befreien uns von der Neigung, uns als getrennt existierendes Selbst zu sehen. Sie erlauben uns Einsichten, durch die wir dem Gefängnis unserer falschen Anschauungen entkommen können. Wir müssen so üben, dass wir die Einsicht der Leerheit, auch während wir Menschen, Vögel, Bäume und Felsen betrachten, aufrechterhalten können. Das ist etwas ganz anderes, als einfach nur dazusitzen und über Leerheit zu spekulieren. Es gilt, die Leerheit, das Intersein, die Unbeständigkeit wirklich zu *sehen*, in uns selbst und in anderen.

Du nennst mich beispielsweise einen Vietnamesen. Du bist dir vielleicht ziemlich sicher, dass ich ein vietnamesischer Mönch bin. Doch das bin ich nicht einmal im juristischen Sinne, denn ich habe keinen vietnamesischen Pass. Darüber hinaus werden Sie Einflüsse der französischen, der chinesischen und sogar der indischen Kultur an mir entdecken. In dem, was ich schreibe und lehre, sind kulturelle Strömungen unterschiedlicher Art zu erkennen. Und wenn wir es ethnisch betrachten, gibt es das spezifisch Vietnamesische eigentlich gar nicht. In mir vereinigen sich melanesische, indonesische und mongolische Elemente. Wie eine Blume aus Nicht-Blumen-Elementen besteht, bin ich aus Nicht-Selbst-Anteilen zusammengesetzt. Die Einsicht des Interseins hilft uns, die Weisheit der Unvoreingenommenheit zu berühren, sie befreit uns. Wir wollen dann nicht mehr länger einfach nur einem geografischen Gebiet oder einer Kultur zugehören. Wir sehen die Präsenz des gesamten Kosmos in uns. Je mehr unser Blick von der Einsicht der Leerheit geleitet ist, desto mehr entdecken und desto tiefer verstehen wir. Daraus entstehen wie von selbst Mitgefühl und Freiheit, auch Freiheit von Angst.

Bitte nenne mich bei meinem wahren Namen

In den 1970er-Jahren waren wir für die buddhistische Vietnamesische Friedensdelegation in Paris tätig, und ich erinnere mich noch an einen Tag, an dem uns schreckliche Nachrichten erreichten. Viele Menschen flohen in dieser Zeit in Booten aus Vietnam, was immer ein sehr gefährliches Unternehmen war. Stürme waren zu erwarten, Treibstoff, Nahrung und Wasser reichten oft nicht aus, und dazu drohten auch noch Überfälle von Seeräubern, die entlang der thailändischen Küste ihr Unwesen trieben. Hier die tragische Geschichte, die uns zugetragen wurde: Piraten hatten ein Boot geentert, alles Wertvolle an sich gerafft und ein elfjähriges Mädchen vergewaltigt. Als der Vater eingreifen wollte, wurde er über Bord geworfen, und das Mädchen sprang später von sich aus ins Wasser. Beide kamen um.

Ich konnte in der Nacht darauf nicht schlafen, zu traurig war ich, zu sehr bedauerte ich die beiden. Aber als Praktizierende dürfen wir uns nicht von Wut und Hilflosigkeit lähmen lassen. Ich meditierte im Gehen und im Sitzen und nutzte das achtsame Atmen, um die Sache näher zu betrachten und um zu versuchen, sie zu verstehen.

Dann stellte ich mir vor, ich sei ein in einer armen Familie geborener thailändischer Junge, mein Vater ein ungebildeter Fischer. Meine Vorfahren hatten Generation für Generation in Armut gelebt, ohne Bildung, ohne Hilfe. Auch ich, stellte ich mir weiterhin vor, war ohne Bildung und vielleicht unter gewalttätigen Verhältnissen aufgewachsen. Eines Tages redet mir jemand ein, ich solle doch zur See fahren und dort mein Glück als Seeräuber machen – und in meinem jugendlichen Leichtsinn willige ich ein, fast alles ist mir recht, um endlich der Armut zu entkommen. Und dann, von den anderen Piraten gedrängt, keine Küstenwache in Sicht, die mich aufhalten könnte, tue ich einem entzückenden Mädchen Gewalt an.

Niemand hat mir je beigebracht zu lieben oder zu verstehen. Ich habe keinerlei Bildung genossen. Niemand konnte mir eine Zukunft eröffnen. Wärest du dabei gewesen und hättest eine Waffe gehabt, du hättest mich niederschießen, du hättest mich töten können. Aber du hättest mir nicht helfen können.

Bei meiner Meditation in dieser Nacht in Paris habe ich gesehen, dass nach wie vor unzählige Kinder in ähnlichen Verhältnissen geboren werden und dass sie zu

Freibeutern heranwachsen werden, wenn ich nichts unternehme. Ich sah all dies und mein Zorn verschwand. Mein Herz war erfüllt von den Energien des Mitgefühls und des Verzeihens. Ich konnte nicht nur das elfjährige Mädchen in meine Arme nehmen, sondern auch den jungen Seeräuber. Ich sah mich in beiden. Das ist die Frucht der meditativen Betrachtung der Leerheit und des Interseins. Leiden, das sah ich jetzt, ist keine individuelle Sache, sondern etwas Kollektives. Leiden kann von unseren Vorfahren auf uns übergehen oder es ist einfach in der uns umgebenden Gesellschaft vorhanden. Während sich Hass und Schuldzuweisungen verflüchtigten, entstand der Entschluss, mein Leben so zu leben, dass ich nicht nur den Opfern, sondern auch den Tätern helfen kann.

Wenn du mich also Thich Nhat Hanh nennst, werde ich antworten: »Ja, das bin ich.« Wenn du mich als das Mädchen ansprichst, werde ich sagen: »Ja, das bin ich.« Nennst du mich Seeräuber, werde ich ebenfalls antworten: »Ja, das bin ich.« Alle diese Namen sind meine wahren Namen. Nennst du mich ein bettelarmes Kind in einem Kriegsgebiet und ohne Zukunft, werde ich sagen: »Ja, das bin ich.« Selbst wenn du mich als Waffenhändler ansprichst, der mit seinen Geschäften diesen Krieg in Gang hält, sage ich: »Ja, das bin ich.« Alle diese Menschen sind wir. Wir inter-sind mit allen anderen.

Wenn wir uns von der Vorstellung der Getrenntheit befreien können, haben wir Mitgefühl, haben wir Verstehen und haben wir die Kraft, die wir brauchen, um zu helfen.

Die zwei Ebenen der Wahrheit

In der Alltagssprache sagen wir »du«, »ich«, »wir« und »sie«, weil dies nützliche Bezeichnungen sind, mit denen wir klarstellen, von wem die Rede ist, aber es ist wichtig zu verstehen, dass es sich dabei nur um sprachliche Konventionen handelt. Sie sind relative Wahrheiten, aber nicht die letztendliche Wahrheit. Wir sind so viel mehr als diese Bezeichnungen und Kategorien. Es ist nicht möglich, eine scharfe Trennungslinie zwischen dir und mir und dem übrigen Kosmos zu ziehen. Mit der Erkenntnis des Interseins finden wir leichter Zugang zur letztendlichen Wahrheit der Leerheit. Leerheit impliziert nicht, dass das Selbst »sterben« muss. Das Selbst, das Ich ist ohnehin nur eine Idee, eine Illusion, eine falsche Anschauung, eine Vorstellung. Es ist nicht die Wirklichkeit. Wie kann etwas gar nicht Vorhandenes sterben? Wir brauchen also das Selbst nicht zu töten, aber wenn wir ein tieferes Verstehen der Wirklichkeit gewinnen, lässt sich die Illusion eines getrennt existierenden Selbst überwinden.

Kein Inhaber, kein Chef

Solange wir von uns denken, ein separates Selbst, ein getrennt existierendes Ich zu sein, identifizieren wir uns mit unseren Gedanken und unserem Körper. Wir haben dann den Eindruck, wir seien Inhaber und Chef unseres Körpers. Wir denken ganz selbstverständlich: »Das ist mein Haus, das ist mein Wagen, das sind meine Qualifikationen, das sind meine Empfindungen, das sind meine Gefühle«, und im gleichen Sinne eben auch: »Das ist mein Körper« und »Das ist mein Geist« sowie »Das ist mein Leiden«. Aber wir sollten uns da nicht gar so sicher sein.

Beim Denken, Arbeiten oder Atmen gehen wir davon aus, dass dahinter eine Person stecken muss, ein Agierender. Es muss ein »Jemand« da sein, der oder die all das macht. Aber der Wind weht einfach und es steckt kein »Weher« dahinter. Da ist nur der Wind, und wenn er nicht weht, ist einfach kein Wind da. Wir sagen auch: »Es regnet«, und da muss kein Regner am Werk sein. Wer könnte das »Es« sein, das da regnet? Da ist einfach das Regnen. Regnen geschieht.

So steckt auch außerhalb unseres Handelns keine Person, keine Instanz, die mein »Selbst« genannt werden könnte. Wenn wir denken, sind wir unser Denken. Beim Arbeiten sind wir das Arbeiten. Beim Atmen sind wir das Atmen. Wenn wir handeln, sind wir unser Tun.

Ich habe einmal einen Cartoon gesehen, der René Descartes mit einem Pferd zeigt. Descartes verkündet mit erhobenem Finger: »Ich denke, also bin ich.« Das Pferd überlegt: »Also bist du *was*?«

Descartes wollte beweisen, dass tatsächlich ein Selbst existiert. Nach seiner Auffassung verlangt der Umstand, dass ich denke, die Existenz eines Selbst, das das Denken bewerkstelligt. Wenn ich nicht da bin, wer denkt dann?

Denken geschieht, das lässt sich nicht leugnen. Meist ist es aber so, dass zu viel gedacht wird – Gedanken über Vergangenes, Zukunftssorgen – und dass all dieses Denken uns von uns selbst und vom Hier und Jetzt entfernt. Bei Gedanken an Vergangenheit und Zukunft ist unser Geist nicht bei unserem Körper, nicht in Kontakt mit dem Leben innen und außen, wie es jetzt gerade ist. Es wäre folglich besser zu sagen:

Ich denke (zu viel), also bin ich (nicht präsent, um mein Leben zu leben).

Die treffendste Beschreibung des Denkprozesses ist, nicht zu sagen, es sei »jemand« da, der denkt, sondern dass *Denken sich manifestiert* als ein Ergebnis eines erstaunlichen, ja wundersamen Zusammenkommens von Bedingungen. Das Denken braucht kein Selbst. Da ist Denken und einfach nur Denken. Es gibt da keine zusätzliche separate Entität, die das Denken bewerkstelligt. Und wollten wir einen Denkenden annehmen, so entsteht er zeitgleich zusammen mit dem Denken. Das ist so wie mit links und rechts. Eins kann ohne das andere nicht sein und das eine kann dem anderen auch nicht vorausgehen – sie manifestieren sich gleichzeitig. Sobald es links gibt, haben wir auch rechts. Sobald ein

Gedanke auftritt, ist der Denker da. Der Denker *ist* das Denken.

Das gilt auch für Körper und Handlungen. Abermillionen Neuronen arbeiten in unserem Gehirn zusammen, in ständiger Verbindung miteinander. Sie handeln konzertiert und erzeugen eine Bewegung, ein Gefühl, einen Gedanken, eine Wahrnehmung. Aber dieses Orchester hat keinen Dirigenten. Niemand trifft von oben herunter die Entscheidungen. Es lässt sich im Gehirn (oder sonst irgendwo) keine Stelle benennen, die die Oberaufsicht führt. Es sind da die Handlungen des Denkens, Fühlens und Wahrnehmens, aber es gibt keinen Handelnden oder keine separate Selbst-Entität, die das Denken, Fühlen und Wahrnehmen durchführt.

Mir fällt dazu ein aufrüttelndes Erlebnis in London ein, zu dem es 1966 kam. Ich betrachtete im British Museum einen auf natürliche Weise mumifizierten Leichnam. Dieser Mensch hatte in embryonaler Haltung über fünftausend Jahre im Sand gelegen. Ich blieb lange dort stehen, ganz konzentriert, und ließ den Körper auf mich wirken.

Ein paar Wochen später wachte ich in Paris mitten in der Nacht plötzlich auf und musste meine Beine abtasten, um mich zu vergewissern, dass ich keine Mumie war. Es war zwei Uhr nachts und ich setzte mich auf. Ich dachte lange über jenen Körper und meinen eigenen nach. Nach ungefähr einer Stunde fühlte ich mich wie Wasser, das auf einen Berghang regnete, rinnendes Wasser überall. Schließlich stand ich auf und schrieb ein Gedicht, das ich »Das große Löwengebrüll« nannte. Das Gefühl war ganz klar und die Bilder flogen mir nur so zu, sie ergossen sich förmlich, als sei ein großer Wasserbehälter umgestürzt. Das Gedicht beginnt mit diesen Zeilen:

Eine weiße Wolke schwebt am Himmel
Ein Strauß blühender Blumen
Schwebende Wolken
Blühende Blumen
Die Wolken sind das Schweben
die Blumen sind das Blühen

Ich sah ganz klar: Wenn eine Wolke nicht schwebt, ist es keine Wolke, und wenn eine Blume nicht blüht, ist es keine Blume. Ohne Schweben gibt es keine Wolke und ohne das Blühen keine Blume. Es ist nicht möglich, das eine vom anderen zu trennen. Du kannst den Geist nicht aus dem Körper und den Körper nicht aus dem Geist herausnehmen. Du inter-bist. Wie wir die Blume im Blühen finden, so finden wir den Menschen in der Energie des Handelns. Ohne die Energie des Handelns gibt es keinen Menschen. Von Jean-Paul Sartre stammt der berühmte Satz: »Der Mensch ist die Summe seiner Handlungen.« Wir sind die Summe all dessen, was wir denken, sagen und tun. Wie ein Orangenbaum herrliche Blüten, Blätter und Früchte hervorbringt, so produzieren wir unser Denken, Sprechen und Handeln. Und wie beim Orangenbaum reifen unsere Handlungen immer mit der Zeit. Wir können uns nur in unseren Handlungen von Körper, Rede und Geist finden, als Energie, die sich über Raum und Zeit fortsetzt.

Nicht in einer Stupa

Vor über zehn Jahren ließ eine meiner vietnamesischen Schülerinnen eine Stupa für meine Asche errichten. Eine Stupa ist im Buddhismus ein Bauwerk, das den Buddha und seine Lehre symbolisiert und auch für die Beisetzung von Reliquien verwendet wird. Ich sagte ihr, ich brauche keine Stupa für meine Asche. Ich möchte nicht in eine Stupa gesteckt werden. Ich möchte überall sein.

»Aber jetzt ist sie schon fertig«, wandte sie ein.

»Tja«, sagte ich, »dann wirst du wohl eine Inschrift anbringen müssen, die lautet: ›Ich bin nicht hier drinnen.‹« So ist es ja auch, ich werde nicht in dieser Stupa sein. Und wenn mein Körper eingeäschert und in der Stupa beigesetzt wird, ist die Asche nicht ich. Ich werde nicht da drinnen sein. Was soll ich da drinnen, wenn es draußen so schön ist?

Aber um möglichen Missverständnissen vorzubeugen, sagte ich meiner Schülerin, sie werde die Inschrift wohl erweitern müssen, nämlich um die Worte »Ich bin auch nicht draußen.«. Die Menschen werden mich weder in der Stupa noch außerhalb davon finden. Einige werden jedoch auch dies missverstehen. Deshalb sollte man womöglich eine weitere Ergänzung der Inschrift anbringen: »Wenn ich irgendwo zu finden bin, dann in deinem friedvollen Atmen und Gehen.« So lebe ich weiter. Wir mögen uns nie begegnet sein, aber wenn du einatmest und Frieden darin findest, bin ich bei dir.

Ich erzähle gern die Geschichte aus dem Lukas-Evangelium von den beiden Jüngern, die nach dem Tod Jesu nach Emmaus gingen. Unterwegs begegneten sie einem Mann, kamen mit ihm ins Gespräch und gingen gemeinsam weiter. Irgendwann rasteten sie in einem Gasthaus, und erst als die beiden da sahen, wie der Mann das Brot brach und den Wein einschenkte, erkannten sie Jesus.

Diese Geschichte macht deutlich, dass sogar Jesus nicht allein in seinem physischen Körper zu finden ist. Seine lebendige Wirklichkeit geht weit über das Physische hinaus. Er war im Brechen des Brots und im Ausschenken des Weins völlig präsent. Das ist der lebendige Christus. Deshalb kann er sagen: »Wo zwei oder drei in meinem Namen versammelt sind, da bin ich mitten unter ihnen.« Nicht nur Jesus oder der Buddha oder irgendein anderer großer spiritueller Lehrer ist nach dem Tod unter uns, sondern wir alle bestehen als Energie weiter, wenn unser Körper längst seine Form gewandelt hat.

Dein Liebster ist kein Selbst

Wenn wir uns vor dem Buddha niederwerfen oder uns vor Jesus Christus verneigen, meinen wir dann zwei Menschen, die vor 2500 beziehungsweise 2000 Jahren gelebt haben? Vor wem verneigen wir uns? Verbeugen wir uns vor einem Selbst? Buddha und Jesus Christus, so haben wir gehört, waren Menschen wie wir. Alle Menschen bestehen aus fünf ewig fließenden und sich wandelnden Strömen: physischer Körper, Gefühle,

Wahrnehmungen, Geistesformationen und Bewusstsein. Du, ich, Jesus Christus und der Buddha – wir alle verändern uns ununterbrochen.

Es wäre falsch anzunehmen, Jesus Christus sei heute genau derselbe wie vor 2000 Jahren, denn selbst in den dreißig Jahren seines Lebens blieb er nicht immer derselbe. Er änderte sich von Monat zu Monat und von Jahr zu Jahr, und das gilt auch für den Buddha. Mit vierzig war der Buddha ein anderer als mit dreißig und mit achtzig Jahren war er wieder ein anderer. Er entwickelte und veränderte sich wie wir alle. Welchen Buddha also meinen wir, den mit achtzig oder den mit vierzig Jahren? Vielleicht stellen wir uns den Buddha mit einem bestimmten Gesicht oder Körper vor, aber wir wissen, dass der Körper sich ständig ändert und vergänglich ist. Oder wir denken, der Buddha existiere gar nicht und der Jesus der Vergangenheit sei nicht mehr vorhanden. Auch das wäre falsch, denn wir wissen, dass nichts verloren gehen kann.

Der Buddha ist kein separates Selbst, sondern er ist sein Handeln oder Wirken. Worin besteht das? Es besteht in der Praxis der Erwachens und der Befreiung zum Wohl aller Lebewesen, und dieses Wirken war mit seinem Tod nicht zu Ende, es geht weiter. Der Buddha ist immer noch da, aber nicht in der Gestalt, die wir uns gewöhnlich vorstellen.

Wir alle können in dem, was wir tun, unmittelbar mit dem Buddha verbunden sein. Wenn wir fähig sind, mit Freude auf der Erde zu gehen, in Kontakt mit den Wundern des Lebens – den wunderschönen Vögeln, den Bäumen, dem blauen Himmel – und es in Glück, Frieden und Leichtigkeit tun, dann sind wir eine Fortführung des Buddha. Der Buddha ist kein Jemand da draußen, sondern eine Art Energie in uns. Der lebendige Buddha wächst und entwickelt sich von Tag zu Tag und manifestiert sich in immer neuen Formen.

Wie alt wirst du im Himmel sein?

Im Büro der buddhistischen Friedensdelegation in Paris hatten wir in den Siebzigerjahren eine Frau aus England, die uns ehrenamtlich bei unserer Arbeit unterstützte. Sie war schon über siebzig, aber bei sehr guter Gesundheit, sodass sie am Morgen ohne Weiteres unser Büro im fünften Stock erreichte. Sie war Anglikanerin und sehr stark in ihrem Glauben verwurzelt. Sie glaubte fest daran, dass sie nach dem Tod in den Himmel kommen und dort ihren ebenso liebenswürdigen wie gut aussehenden Mann wiederfinden würde, der mit siebenunddreißig Jahren gestorben war.

Einmal fragte ich sie: »Wenn Sie gestorben sind und in den Himmel kommen und wieder bei Ihrem Mann sind, ist er dann siebenunddreißig oder siebzig oder achtzig? Und wie alt sind Sie dann? Es wäre doch seltsam, wenn Sie dann weit über siebzig sind und er siebenunddreißig.« Unser Glauben ist manchmal schon sehr einfach gestrickt.

Sie sah mich ratlos an, darüber hatte sie noch nie nachgedacht. Sie ging einfach davon aus, dass man sich im Himmel wiedersieht. Unter dem Gesichtspunkt des Interseins – der Einsicht, dass wir miteinander und mit allem Leben inter-sind – ist eigentlich klar, dass wir nicht bis zu unserem Tod warten müssen, um unsere Lieben im Himmel wiederzusehen. Sie sind immer noch genau hier bei uns.

Nichts geht verloren

Manche glauben an eine Art ewiges Ich, das nach dem Tod des Körpers weiterlebt. Dieser Glaube ließe sich als »Eternalismus« bezeichnen. Andere sehen den Tod als endgültiges Aus, und das ist eine Art Nihilismus. Beide Extreme sollten wir meiden. Unbeständigkeit und Intersein lassen nur den Schluss zu, dass es ein ewiges, eigenständig existierendes Selbst nicht geben kann. Das erste Gesetz der Thermodynamik, das Gesetz der Erhaltung der Energie, besagt, dass nichts erschaffen oder vernichtet, sondern immer nur transformiert werden kann. Als wissenschaftlich begründet kann die Anschauung, dass wir nach dem Tod unseres Körpers zu »nichts« werden, also nicht gelten.

Solange wir leben, ist unser Leben Energie, und nach dem Tod sind wir weiterhin Energie. Diese Energie wandelt sich und wird transformiert, aber sie geht nie verloren.

Wir können nicht behaupten,
nach dem Tod sei gar nichts mehr.
Etwas kann niemals Nichts werden.

Wenn wir einen kostbaren Menschen verloren haben und trauern, verhelfen uns die Konzentrationen auf Leerheit und Zeichenlosigkeit zu einem tieferen Blick, mit dem wir sehen, wie dieser Mensch doch weiterhin vorhanden ist. Unser Liebster, unsere Liebste ist immer noch in uns und um uns lebendig. Sie sind sehr wirklich. Wir haben sie nicht verloren. Es ist möglich, sie auch in dieser Form zu erkennen, vielleicht sogar in noch schöneren Formen als in der Vergangenheit.

Im Licht der Leerheit und des Interseins wissen wir, dass sie nicht gestorben oder verschwunden sind, sie wirken in uns und durch uns weiter. Wir können immer noch mit ihnen sprechen. Wir können zum Beispiel sagen: »Ich weiß, dass du da bist. Ich atme für dich. Ich lächle für dich. Ich liebe es, mich mit deinen Augen umzuschauen. Ich genieße das Leben mit dir. Ich weiß, du bist mir immer noch sehr nah und lebst jetzt in mir weiter.«

Lebenskraft

Wieso haben wir dieses Ich-Gefühl, diese Vorstellung von einem Selbst, wenn kein Inhaber, kein Boss und kein Handelnder hinter unserem Tun und kein Denker hinter unseren Gedanken steht? In der buddhistischen

Psychologie wird der Teil unseres Bewusstseins, der das Ich-Gefühl hervorbringt, mit dem Sanskritbegriff *Manas* benannt. Manas hat etwas von dem, was Freud als das Es bezeichnete. Manas entfaltet seine Wirkung aus der Tiefe unseres Bewusstseins. Es ist unser Überlebensinstinkt, stets darauf bedacht, Schmerzen zu vermeiden und Lust zu suchen. Manas sagt ständig: »Dies bin ich, dies ist mein Körper, dies gehört mir« – weil es die Realität nicht klar sehen kann. Manas möchte das beschützen und verteidigen, was es für ein Selbst hält. Das ist jedoch nicht immer gut für uns. Manas begreift nicht, dass wir ausschließlich aus Nicht-Selbst-Elementen bestehen und dieses Selbst, das es wahrnimmt, keine eigene separate Existenz besitzt. Manas erkennt auch nicht, dass diese falsche Ich-Vorstellung viel Leid mit sich bringt und uns kein glückliches Leben in Freiheit erlaubt. Wenn wir uns die vielfältige Verflochtenheit unseres Körpers mit seiner Umgebung vor Augen führen, helfen wir Manas, seinen Wahn zu überwinden und zu sehen, was tatsächlich der Fall ist.

Wir brauchen Manas aber nicht abzuschaffen, es ist ein natürlicher Bestandteil des Lebens. Wenn Manas diesen Körper als Selbst betrachtet und ihn »mein« nennt, dann deshalb, weil es zu seinen Aufgaben gehört, unsere Vitalität und Lebenskraft zu erhalten. Diese Lebenskraft ist das, was der französische Philosoph Henri Bergson *Élan vital* nannte. Wir besitzen wie alle Lebewesen diesen starken Lebenswillen und das Verlangen, an unser Leben anzuhaften, es zu beschützen und uns vor Gefahren zu verteidigen. Wir müssen jedoch vorsichtig sein, dass wir uns nicht von unserem Selbsterhaltungs- und Selbstverteidigungstrieb zum Glauben verleiten lassen, dass wir ein separates Selbst besitzen. Die Einsicht des Interseins und des Nicht-Selbst gibt uns die Möglichkeit, unsere Lebenskraft – was Freud Sublimierung nannte – zum Schutz und zur Unterstützung anderer, für die Bewahrung der Erde und für Vergebung und Versöhnung einzusetzen.

Einmal habe ich ein Stück Ingwer in einer Ecke meiner Einsiedelei abgelegt und dort vergessen, bis ich eines Tages entdeckte, dass dieses Stück Wurzeln austrieb. Dieses kleine Stück wollte eine neue Pflanze hervorbringen. Es war Leben in ihm. Bei Kartoffeln kann das auch vorkommen. Alles besitzt diese Vitalität und möchte weitermachen und sich erhalten. Das ist sehr natürlich. Alles möchte leben. Ich setzte das Stück Ingwer in einen Topf mit Erde und ließ es wachsen.

Bei einer schwangeren Frau sorgt die Lebenskraft für die Entwicklung des Kindes. Die Lebenskraft des Embryos mischt sich mit der seiner Mutter. Die beiden Lebenskräfte sind weder dieselben noch verschieden, aber die Lebenskraft der Mutter geht in die des Kindes ein und umgekehrt. Sie sind verschmolzen, um sich erst nach und nach wieder voneinander zu trennen. Wenn das Kind dann jedoch geboren wird, sehen wir es als ein separates Selbst, dessen Körper, Gefühle, Wahrnehmungen, Geistesformationen und Bewusstsein von denen der Mutter verschieden sind. Wir mögen glauben, dass wir das Kind von der Mutter trennen können, aber in Wahrheit besteht eine Beziehung der Kontinuation, der Fortführung weiter. Beim Anblick des Kindes sehen wir die Mutter, beim Anblick der Mutter das Kind.

Übung: Die Hand deiner Mutter

Erinnerst du dich, wie das war, als du klein warst und Fieber hattest? Wie elend du dich da gefühlt hast? Dann jedoch legte dir deine Mutter oder dein Vater oder vielleicht deine Großmutter die Hand auf die hitzige Stirn und es war so ein wunderbares Gefühl. Du fühltest den Nektar der Liebe durch diese Hand fließen, es war so tröstlich und gab dir neue Zuversicht. Das bloße Wissen, dass sie da waren, neben dir, verschaffte dir Erleichterung. Falls du jetzt nicht mehr in der Nähe deiner Mutter lebst oder sie nicht mehr in ihrer üblichen körperlichen Form präsent ist, musst du tief schauen, um zu erkennen, dass sie tatsächlich immer bei dir ist. Du hast deine Mutter in jeder Zelle deines Körpers. Deine Hand ist nach wie vor in ihrer. Wenn deine Eltern bereits gestorben sind und du tiefes Schauen auf diese Weise übst, findest du eine Beziehung zu deinen Eltern, die vielleicht tiefer ist als die eines anderen Menschen, dessen Eltern zwar noch leben, der aber keine ungestörte Beziehung zu ihnen hat.

Vielleicht möchtest du gleich jetzt einmal in deine Hand blicken. Kannst du die Hand deiner Mutter darin erkennen? Oder die deines Vaters? Schaue tief in deine Hand. Und jetzt führe diese Hand mit dieser Einsicht und mit der ganzen Liebe und Fürsorglichkeit deiner

Eltern an die Stirn. Fühle, wie Mutter oder Vater deine Stirn berühren. Erlaube dir, dich von der liebevollen Zuwendung deiner Eltern in dir umsorgen zu lassen. Sie sind immer bei dir.

Lebende Wesen

Wir haben die Tendenz zwischen beseelten und unbeseelten Lebensformen zu unterscheiden. Die Beobachtung sagt uns aber, dass Lebenskraft auch in den Dingen ist, die wir »unbeseelt« oder »nicht empfindungsfähig« nennen. In einem Stück Ingwer oder einer Eichel sind Lebenskraft und Bewusstsein. Das Stück Ingwerwurzel weiß, wie es eine Ingwerpflanze wird, die Eichel weiß, wie sie eine Eiche wird. Wenn sie wissen, was zu tun ist, kann man sie kaum unbelebt nennen. Sogar subatomare Teilchen oder Staubpartikel besitzen Vitalität. Es gibt keine absolute Trennungslinie zwischen Beseeltem und Unbeseeltem, zwischen lebendiger Materie und toter Materie. In träger Materie ist Leben und alle Lebensformen beruhen auf sogenannter träger Materie. Könnten wir die angeblich unbelebten Elemente aus Ihrem oder meinem Körper nehmen, wären wir nicht lebensfähig. Wir bestehen aus nicht menschlichen Elementen. Das lehrt auch das Diamant-Sutra, ein sehr alter buddhistischer Text; wir könnten es auch als den ersten Text zur Tiefenökologie bezeichnen. Es lässt sich einfach keine klare Trennungslinie zwischen Menschen und anderen Lebensformen oder zwischen Lebewesen und träger Materie ziehen.

In allem ist Vitalität. Der ganze Kosmos ist durchströmt von Vitalität.

Solange wir die Erde als einen Materieklumpen außerhalb unserer selbst auffassen, haben wir sie noch nicht wirklich gesehen. Wir sind Teil der Erde, und die ganze Erde ist in uns. Außerdem ist die Erde lebendig, sie besitzt Intelligenz und Kreativität. Wäre die Erde einfach tote Materie, könnte sie niemals unzählige große Gestalten wie den Buddha oder Moses, Jesus Christus und Muhammed hervorbringen. Außerdem ist die Erde die Mutter unserer Eltern und unsere Mutter. Schauen wir mit den Augen der Unvoreingenommenheit und Nicht-Unterscheidung, dann können wir eine sehr enge Beziehung zwischen uns und der Erde herstellen. Unser Blick auf die Erde geht vom Herzen aus und nicht vom kühlen Verstand. Du bist die Erde und die Erde ist du. Es kann dir nicht gut gehen, wenn es der Erde nicht gut geht. Deshalb: Wenn wir die Gesundheit unseres Körpers schützen möchten, müssen wir für das Wohlergehen der Erde sorgen. Das ist die Einsicht der Leerheit.

Bist du ein Seelenverwandter des Buddha?

Zur Lebenszeit des Buddha gab es unzählige spirituelle Lehrer, die unterschiedliche spirituelle Wege und Praktiken vertraten und ihre jeweilige Lehre als die einzig wahre ausgaben. Einmal wurde der Buddha von einer

Gruppe junger Leute gefragt: »Welchem von allen diesen Lehrern sollen wir glauben?«

Der Buddha antwortete: »Glaubt gar nichts, nicht einmal das, was ich euch sage. Glaubt nichts, selbst wenn es eine alte Lehre ist, selbst wenn sie von einem hoch angesehenen Lehrer vertreten wird. Nutzt euren eigenen Verstand und euer Urteilsvermögen, um alles, was ihr seht und hört, eingehend zu betrachten. Dann probiert die Lehre aus, praktiziert sie und seht, ob sie euch hilft, euch von euren Leiden und Schwierigkeiten zu befreien. Wenn das der Fall ist, könnt ihr daran glauben.« Wenn wir ein Seelenverwandter, ein Seelenfreund des Buddha sein möchten, brauchen wir einen solchen unterscheidenden, kritischen Geist.

Wenn wir unseren Überzeugungen keine Entwicklung zugestehen und nicht aufgeschlossen bleiben, steht zu befürchten, dass wir eines Tages aufwachen und nicht mehr glauben, was wir einmal geglaubt haben. Das kann niederschmetternd sein. Als Meditierende nehmen wir nichts einfach als Glaubensgewissheit hin, als unverrückbar feststehende absolute Wahrheit. Wir sollten die Wirklichkeit mit Achtsamkeit und Konzentration beobachten und ergründen, sodass unser Verstehen und unser Zutrauen von Tag zu Tag tiefer werden können. Das ist dann ein Glaube, den wir nicht verlieren können, weil er nicht auf Vorstellungen und Glaubenssätzen beruht, sondern auf der erfahrenen Wirklichkeit.

Gibt es Reinkarnation?

Viele sträuben sich gegen den Gedanken, dass wir eines Tages sterben werden. Andererseits möchten wir gern wissen, wie es dann weitergeht. Manche glauben, dass wir in den Himmel kommen und da in Glückseligkeit weiterleben, während anderen das Leben zu kurz erscheint. Sie wünschen sich eine weitere Chance, um beim nächsten Mal besser abzuschneiden. Solche Menschen finden den Gedanken der Wiedergeburt sehr ansprechend. Es verbindet sich damit auch die Hoffnung, dass gewalttätige Menschen in ihrem nächsten Leben zur Rechenschaft gezogen werden und für ihre Missetaten bezahlen müssen. Oder wir befürchten, dass wir nach dem Tod gar nicht mehr existieren, kein Bewusstsein, nichts. Wenn der Körper altert und allmählich verfällt, liegt der Gedanke an einen Neubeginn mit einem jungen, gesunden Körper nahe, ungefähr so, als würde man abgetragene Kleidung entsorgen.

Die Vorstellung der Reinkarnation suggeriert, dass es so etwas wie eine für sich existierende Seele, ein separates Selbst, einen Geist gibt, etwas, das den Körper verlässt, wenn er stirbt, um sich dann aufzuschwingen und neu zu verkörpern. Dann ist der Körper so etwas wie das Gehäuse dieser Seele oder dieses Geistes. Das würde aber voraussetzen, dass Körper und Geist zweierlei sind – der Körper vergänglich, der Geist auf eine Art beständig und unvergänglich. Die tiefsten Lehren des Buddhismus besagen jedoch etwas anderes als all diese Vorstellungen.

Wir können zwischen volkstümlichem Buddhismus und tiefem Buddhismus unterscheiden. Verschiedene Menschen sprechen auf unterschiedliche Lehren an, und es ist immer wichtig, dass man die Darstellung der Lehre auf das jeweilige Publikum abstimmt. Deshalb gibt es unzählige Zugänge zu den Lehren, sodass Menschen ganz unterschiedlicher Anlagen Entwicklungsanstöße bekommen. Im volkstümlichen Buddhismus gibt es Höllen jeder Art, in die es uns nach dem Tod verschlagen kann. In vielen Tempeln sehen wir fantasievolle Darstellungen, die dem Betrachter vor Augen führen, was ihm da alles passieren kann – etwa dass ihm dort die Zunge abgeschnitten wird, wenn er in diesem Leben gelogen hat. Das ist es, was man »geschickte Mittel« nennt, um Menschen zu ermöglichen, Linderung ihrer Leiden zu finden, indem sie zu einem moralischen Lebenswandel bewegt werden. Manchen mag damit zu helfen sein, aber anderen hilft es womöglich nicht.

Solche Lehren stimmen *nicht* mit der letztendlichen Wahrheit überein, aber sie haben für viele durchaus ihren Nutzen. Jedenfalls können Mitgefühl, Augenmaß und Verstehen bewirken, dass wir uns gegenseitig helfen, uns nach und nach von unseren derzeitigen Ansichten lösen und zu einem tieferen Verstehen finden. Ein tieferes Verstehen von Leben, Tod und dem, was danach kommt, setzt voraus, dass wir überkommene Anschauungen hinter uns lassen – etwa so, wie wir beim Ersteigen einer Leiter eine Sprosse verlassen müssen, um zur nächsten zu gelangen. Halten wir an unserer derzeitigen Sicht der Dinge fest, kommen wir nicht weiter.

Auch ich hatte anfangs bestimmte Vorstellungen von Achtsamkeit, Meditation und Buddhismus. Nach zehn Jahren Praxis verstand ich so manches viel besser. Nach vierzig und dann fünfzig Jahren waren Einsicht und Verstehen noch tiefer geworden. Wir sind alle auf dem Weg und machen Fortschritte, und dabei müssen wir bereit sein, von bisherigen Ansichten zu lassen, um uns für eine neue, bessere und tiefere Sicht der Dinge zu öffnen und so der Wahrheit immer weiter anzunähern. So können wir unser Leiden überwinden und Glück kultivieren. Welcher Ansicht wir auch sein mögen, wichtig bleibt jedenfalls, dass wir sie nicht für die beste oder einzig wahre halten und denken, dass nur *wir* die Wahrheit besitzen. Der Buddhismus ist vom Geist der Toleranz durchdrungen. Wir sollten unser Herz immer offen halten auch gegenüber den Menschen, die anders denken und andere Überzeugungen haben. Offenheit und Nicht-Anhaftung an Ansichten zu üben, ist eine fundamentale und grundlegende Praxis im Buddhismus. Deshalb haben Buddhisten nie heilige Kriege gegeneinander geführt, obwohl es so viele verschiedene Schulen des Buddhismus gibt.

Die Creme de la Creme von Buddhas Lehre

Die Lehre des Buddha war stark von dem spirituellen Kontext Indiens in der damaligen Zeit beeinflusst. Der Buddhismus besteht aus Nicht-Buddhismus-Elementen, so wie eine Blume aus Nicht-Blumen-Elementen besteht. Im Westen verbinden wir mit dem Buddhismus vielfach die Karma-Lehre von Reinkarnation und Vergeltung, aber diese Vorstellungen sind nicht buddhistischen Ursprungs. Sie bestanden bereits, als der Buddha zu lehren begann. Und sie gehörten ganz und gar nicht nicht zum Kernbestand dessen, was er lehrte.

Die Lehre von Karma, Reinkarnation und Vergeltung beruhte im alten Indien nämlich auf der Annahme der Existenz eines Selbst. Weit verbreitet war der Glaube an ein beständiges Selbst, das sich reinkarniert und im gegenwärtigen Leben den karmischen Ausgleich seines Handelns in früheren Existenzen zu erwarten hat. Wenn der Buddha jedoch von Wiedergeburt, Karma und Vergeltung sprach, dann immer unter dem Gesichtspunkt von Nicht-Selbst, Unbeständigkeit und Nirvana, das heißt im Licht unseres wahren Wesens ohne Geburt und Tod. Es bedarf aus seiner Sicht keines eigenständigen, unwandelbaren Selbst für die Fortführung von Karma – den Handlungen von Körper, Rede und Geist.

Die Kernlehren des Buddha über Nicht-Selbst, Unbeständigkeit und Intersein besagen, dass der Geist nicht eine separate Entität, etwas eigenständig Existierendes ist. Der Geist verlässt den Körper nicht, um sich dann anderswo erneut zu inkarnieren. Vom Körper getrennt, existiert der Geist einfach nicht mehr. Körper und Geist können nur miteinander existieren. Was dem Körper geschieht, überträgt sich auf den Geist, und was dem Geist geschieht, beeinflusst den Körper. Bewusstsein setzt einen Körper voraus, um sich zu manifestieren. Unsere Gefühle sind nur dann fühlbar, wenn ein Körper vorhanden ist. Wie könnten wir ohne einen Körper fühlen? All das bedeutet aber nicht, dass wir verschwinden, wenn der Körper stirbt. Unser Körper und Geist sind Energiequellen, und wenn die Energie sich nicht mehr als unser Körper und Geist manifestiert, dann wirkt doch sie dennoch in anderer Form fort: in unseren Handlungen von Körper, Rede und Geist.

Wir brauchen kein dauerhaftes, separates Selbst, um die Früchte unseres Handelns zu ernten. Bist Du noch derselbe Mensch, der du voriges Jahr warst? Selbst innerhalb dieses Lebens können wir nicht sagen, der Mensch, der letztes Jahr die Saat guter Taten ausgebracht hat, sei noch genau derselbe wie der, der jetzt die Ernte einfährt.

Leider halten viele Buddhisten immer noch an der Vorstellung eines Selbst fest, weil sie damit die Lehre von Karma, Wiedergeburt und Vergeltung leichter verstehen. Das ist jedoch ein verwässerter Buddhismus, weil ihm die Essenz dessen entgeht, was der Buddha über das Selbst, über Unbeständigkeit und unsere ungeborene und unsterbliche wahre Natur gelehrt hat. Jede Lehre, die davon abweicht, ist nicht Buddhismus im tiefsten Sinne. Die drei Tore der Befreiung – Leerheit, Zeichenlosigkeit und Absichtslosigkeit – verkörpern den Kern von Buddhas Lehre. Wenn du die Wirklichkeit des Interseins, der Unbeständigkeit und des Nicht-Selbst berührst, bekommst du ein ganz anderes Verstehen von Reinkarnation. Wie du siehst, ist Wiedergeburt möglich ohne ein Selbst, Karma braucht kein Selbst und Vergeltung braucht kein Selbst.

Wir sterben jeden Augenblick und werden jeden Augenblick wiedergeboren. Diese Manifestation des Lebens macht den Weg frei für eine andere Manifestation des Lebens.

Wir wirken weiter in unseren Kindern,
in unseren Schülerinnen und Schülern,
in allen, deren Leben wir berührt haben.

»Wiedergeburt« beschreibt die Sache besser als »Reinkarnation«. Wenn eine Wolke zu Regen wird, können wir kaum sagen, sie »reinkarniere« sich im Regen. »Fortführung«, »Verwandlung«, »Transformation« und »Manifestation« sind alles brauchbare Begriffe, aber das vielleicht beste Wort ist »Remanifestation«: Der Regen ist eine Remanifestation der Wolke. Unsere Aktionen von Körper, Rede und Geist stellen eine Energie dar, die wir ständig aussenden, und diese Energie manifestiert sich in immer wieder anderen Formen.

Einmal wurde ich von einem kleinen Mädchen gefragt: »Wie fühlt es sich an, wenn man tot ist?« Eine sehr gute, sehr tiefe Frage. Ich erklärte ihr Geburt, Tod und Fortführung am Beispiel einer Wolke. Eine Wolke kann nicht sterben, sie kann nur etwas anderes werden, etwa Regen, Schnee oder Hagel. Wenn du eine Wolke bist, fühlst du dich als Wolke. Wirst du zu Regen, fühlst du dich wie Regen. Und wenn du als Schnee fällst, fühlst du dich wie Schnee. Remanifestation ist wunderbar.

– 2 –

Zeichenlosigkeit: Eine Wolke stirbt niemals

Tod ist unabdingbar, damit Leben sein kann. Tod ist Verwandlung. Tod ist Fortführung.

Angenommen, dir fällt eine eindrucksvolle Wolke am Himmel auf. Du denkst: »Oh, ist die schön!« Aber wenn du etwas später noch einmal hinsiehst, ist nur klarer blauer Himmel da und du denkst, die Wolke sei verschwunden. Gerade noch schien etwas da zu sein und jetzt ist es weg. Wir betrachten die Dinge so, weil wir dazu neigen, uns von »Zeichen« – von gewohnten Erscheinungsweisen und vertrauten Formen – fesseln zu lassen und deshalb die wahre Natur der Wirklichkeit nicht sehen.

Wenn wir da draußen in der Welt der Erscheinungen etwas sehen und erkennen, sagen wir, es sei vorhanden, es existiere. Und wenn wir es nicht mehr sehen, sagen wir, es sei nicht vorhanden, es existiere nicht. In Wahrheit existiert es aber noch, wenn auch in anderer Erscheinungsform. Die Herausforderung besteht nun darin, das Ding auch in seinen neuen Formen zu erkennen. Das ist die Meditation über Zeichenlosigkeit.

Ob wir die wahre Natur von Geburt und Tod verstehen und Angst, Kummer, Wut und Trauer überwinden können, hängt davon ab, ob wir die Dinge mit den Augen der Zeichenlosigkeit sehen können. Wenn wir wissen, wie wir mit den Augen der Zeichenlosigkeit schauen, ist es gar nicht schwer, die Frage zu beantworten: Was passiert, wenn wir sterben?

Zeichenlosigkeit – das zweite Tor der Befreiung

Ein »Zeichen« ist das, was die Erscheinungsform von etwas charakterisiert: die Form, in der es sich zeigt. Wenn wir die Dinge anhand ihrer Zeichen erkennen, denken wir, dass diese Wolke sich von jener unterscheidet und die Eiche nicht die Eichel, das Kind nicht seine Eltern ist. Im Bereich der relativen Wahrheit haben solche Unterscheidungen ihren Wert, sie können uns jedoch davon abhalten, die wahre Natur des Lebens zu erkennen, die diese Zeichen transzendiert. Der Buddha sagte: »Wo Zeichen sind, ist immer auch Trug.« Von der Einsicht des Interseins aus sehen wir die tiefe Verbundenheit dieser Wolke mit jener Wolke, der Eichel mit der Eiche, des Kindes mit den Eltern.

Die Wolke, die eben noch da war, mag jetzt nicht mehr zu sehen sein. Aber wenn wir tief schauen, sehen wir, dass die Bestandteile der Wolke inzwischen Regen oder Dunst oder Schnee geworden sind. Was die Wolke eigentlich ist, H_2O, ist noch vorhanden, aber in neuer Form. H_2O kann nicht von etwas zu nichts werden, aus dem Sein ins Nicht-Sein übergehen. Obwohl wir die Wolke nicht mehr sehen können, ist sie nicht gestorben. Vielleicht wurde sie Regen und kommt jetzt nach etlichen Zwischenschritten aus meinem Wasserhahn und in meinen Kessel und ist schließlich Tee in meiner Schale. Die Wolke, die gestern am Himmel war, ist nicht verschwunden, sondern Tee geworden. Sie ist nicht gestorben, sie spielt nur Verstecken!

Auch dein äußeres Erscheinungsbild ändert sich ständig. Wenn du im Familienfotoalbum blätterst, wirst du dich da als Kind sehen. Wo ist dieses Kind jetzt? Du weißt, dass du es bist. Du trägst seinen Namen, nur sieht es nicht aus wie du. Bist du noch dieses Kind oder jemand anderes? Dies ist die Praxis der Betrachtung Ihrer eigenen Zeichenlosigkeit. Du siehst heute anders aus, du sprichst, handelst und denkst anders. Deine Gestalt, deine Gefühle, deine Wahrnehmungen, dein Bewusstsein sind ganz anders. Du bist nichts dauerhaft Feststehendes oder Beständiges. Du bist also nicht derselbe Mensch, aber andererseits bist du auch kein gänzlich anderer Mensch. Wenn wir nicht mehr an bestimmten Bildern und Erscheinungsformen hängen, sehen wir die Dinge klarer. Du erkennst, dass das Kind noch in jeder Zelle Ihres Körpers lebendig ist. Du kannst dich diesem Kind jederzeit zuwenden und hören, was es zu sagen hat. Du kannst es einladen, mit dir zu atmen, zu gehen und sich an der Natur zu erfreuen.

Dein Geburtstag

In genau diesem Moment sind wir alle dabei zu sterben, manche von uns langsamer, andere schneller. Dass wir jetzt überhaupt leben, haben wir dem Umstand zu verdanken, dass wir jeden Moment sterben. Wir denken vielleicht, dass andere sterben und wir nicht, aber lassen wir uns nicht von äußeren Erscheinungen täuschen.

Die Wahrheit über Geburt und Tod hat zwei Ebenen. Auf der Ebene der konventionellen Wahrheit lässt sich sagen, es gebe Geburt und Tod, Anfang und Ende, Erschaffung und Zerstörung. Wir können beispielsweise in einen Kalender eintragen, wann jemand geboren wurde und wann jemand gestorben ist. Zu unserer Geburt wird in aller Regel eine Geburtsurkunde ausgestellt, ohne die es schwierig ist, Ausweispapiere zu bekommen oder eingeschult zu werden. Wenn wir sterben, wird eine Sterbeurkunde mit dem Datum und der Uhrzeit des Todes ausgestellt. In diesem Sinne sind Geburt und Tod real und wichtig, die Begriffe haben ihren Nutzen. Doch das ist nicht die ganze Wahrheit.

Wenn wir tiefer schauen, kannst du sehen, dass dein offizieller Geburtszeitpunkt nicht wirklich der Augenblick deiner Geburt ist. Es ist nur ein Moment der Fortführung. Du hast vorher schon existiert. Neun Monate lang warst du im Mutterleib. Zu welchem Zeitpunkt bist du du geworden? Manche meinen, es wäre besser, das Geburtsdatum auf den Zeitpunkt der Zeugung zu verlegen, aber auch das wäre noch nicht zutreffend. Bereits vorher waren die Elemente, aus denen du gefügt wurdest, in den Keimzellen deiner Eltern vorhanden. Du existiertest auch in all den Bedingungen, die deine Mutter unterstützt und genährt haben, als sie mit dir schwanger war. Noch viel früher warst du in deinen Großeltern – und so ließe sich der Zeitpunkt deiner Geburt beliebig weit zurückverschieben. Man erreicht keinen Augenblick, an dem du noch nicht existiert hast. Daher stellen wir in der Zen-Tradition Fragen wie zum Beispiel: »Wie sahst du aus, bevor deine Großmutter geboren wurde?«

So ist der Tag deiner Geburt eigentlich ein Tag, um sich an deine Kontinuation, deine Fortführung zu erinnern. So können wir uns statt »*Happy birthday*« »*Happy continuation day*« wünschen. Jeder Tag deines Lebens ist ein Tag deiner Fortführung. In deinem Körper finden ununterbrochen Geburt und Tod statt. In jedem Augenblick unseres Lebens treten wir ins Sein und verlassen es. Wenn du dich kratzt oder abschrubbst, werden Hautschuppen abgetragen und neue Hautzellen geboren. In der Zeit, in der du diesen Abschnitt liest, sterben Tausende Zellen. Es sind so viele, dass du nicht für alle eine Beerdigung organisieren kannst – ebenso wenig wie Geburtsfeiern für die neu entstehenden Zellen.

Jeden Tag verwandelst du dich.
Etwas von dir wird geboren und
etwas stirbt.

Geburt und Tod sind innig miteinander verflochten. Ohne das eine ist das andere nicht zu haben. Oder wie es im Evangelium heißt: »Wenn das Weizenkorn nicht in die Erde fällt und stirbt, bleibt es allein; wenn es aber stirbt, bringt es reiche Frucht.«

Wir neigen dazu, den Tod als negativ, finster und schmerzlich zu sehen. So ist er aber nicht. Der Tod ist unabdingbar, um Leben zu ermöglichen. Tod ist Transformation und Verwandlung. Tod ist Fortführung. Wenn wir sterben, wird etwas anderes geboren; es kann allerdings ein wenig dauern, bis es sich zeigt oder wir es erkennen. Mit dem Sterben kann Schmerz verbunden sein, wie auch mit der Geburt, wenn ein neuer Spross durch die Rinde des Baumes bricht. Sobald wir jedoch wissen, dass mit einem Tod immer die Geburt von etwas anderem verbunden ist, tragen wir den Schmerz leichter. Wir müssen tief schauen, um zu erkennen, dass sich Neues manifestiert, wenn etwas stirbt.

Versteckspiel

Neben meinem Mönchsquartier in Frankreich steht eine japanische Zierquitte, die im Frühjahr wunderschön blüht. In einem Winter war es schon früh ungewöhnlich warm, sodass die Blütenknospen der Quitte sich zu öffnen begannen. Es folgte jedoch eine Kältewelle mit Nachtfrost, und am nächsten Tag fiel mir bei der Gehmeditation auf, dass alle Knospen erfroren waren. Es war ein trauriger Anblick. Die Blüten hatten nicht einmal das Licht gesehen und mussten trotzdem schon sterben.

Wenige Wochen darauf wurde es richtig warm, und ich sah aufspringende neue Blüten am Quittenstrauch, schön und jung und frisch. Ich war begeistert. Ich fragte sie: »Seid ihr die erfrorenen Blüten oder andere?« Sie antworteten: »Wir sind weder die gleichen noch andere. Unter günstigen Umständen erscheinen wir, unter ungünstigen verstecken wir uns.«

Bevor meine Mutter mich zur Welt brachte, war sie schon einmal mit einem Jungen schwanger gewesen, hatte jedoch eine Fehlgeburt erlitten. In jungen Jahren habe ich mich immer gefragt: War das mein Bruder oder war das ich, der versuchte, sich zu manifestieren? Wenn eine Frau ein ungeborenes Kind verliert, waren die Bedingungen nicht günstig für das Erscheinen dieses Kindes, das sich daraufhin zum Rückzug entschloss, um günstigere Umstände abzuwarten. »Ich ziehe mich jetzt besser zurück, aber ich komme bald wieder, meine Lieben.« Wir müssen deren Willen respektieren. Wenn du die Welt so betrachtest, wirst du weniger leiden. War es mein Bruder, den meine Mutter verlor? Es kann aber auch sein, dass ich meinen Weg in die Welt suchte, aber zu dem Schluss kam, dass die Zeit noch nicht reif war.

Das Wissen um Leerheit und Zeichenlosigkeit kann uns zur Überwindung der Trauer verhelfen. Das Ungeborene ist kein separates Selbst, es ist aus Mutter und Vater und so vielen anderen Ursachen und Bedingungen geformt. Wenn alle diese Elemente wieder zusammenkommen, wird das nächste Kind weder genau das gleiche noch ein anderes sein. Nichts geht verloren.

Deine Lebensdauer ist grenzenlos

Ausdrücke wie »Geburtszeitpunkt« und »Sterbedatum« sind einfach nur Begriffe. Auch »Lebensdauer« ist ein Begriff. Diese Etiketten und Zeichen sind konventionelle Bezeichnungen, die auf der Ebene der relativen Wahrheit nützlich sind, aber sie sind nicht die letztgültige Wahrheit. Diese Ausdrücke geben nicht die Wirklichkeit wieder. Wenn wir Angst vor dem Tod haben oder ihm gegenüber Ärger oder Traurigkeit empfinden, dann liegt das daran, dass wir in falschen Vorstellungen von Leben und Tod gefangen sind. Wir denken, Tod bedeute, dass aus etwas nichts wird. Aber wenn wir all die Arten sehen, in denen wir jenseits unseres Körpers existieren, in sich stetig wandelnden Formen, dann realisieren wir, dass nichts je verloren geht. Und wir werden nicht länger so ärgerlich oder ängstlich sein.

Wenn sich eine Wolke verdichtet und als Regen fällt, drängt sich uns der Gedanke auf, sie sei verschwunden, »gestorben«. Da wir aber wissen, dass die wahre Natur der Wolke einfach Wasser ist, wissen wir auch, dass sie nicht gestorben, sondern einfach zu Regen geworden ist. Um die wahre Natur der Wolke zu erkennen, müssen wir uns vom Zeichen »Wolke« lösen. Der Tod der Wolke ist die Geburt des Regens. Wie könnte der Regen »zur Welt kommen«, wenn die Wolke nicht stirbt?

Aber die Wolke muss nicht bis zu diesem Moment warten, um die Geburt des Regens zu sehen. Denn die Wolke stirbt – so wie wir – jeden Augenblick.

Wenn wir beispielsweise Wasser erhitzen, steigt schon eine ganze Weile vor dem Sieden Dampf auf. Diese Transformation läuft umso schneller ab, je weiter wir uns der Wassertemperatur von hundert Grad annähern. Verdunstung bedeutet den sofortigen Tod flüssigen Wassers, und geboren wird Dampf, der sich später am Himmel zu einer Wolke verdichtet.

So ist es mit uns auch, manchmal läuft die Transformation relativ langsam ab, manchmal findet sie abrupt statt. Um das zu erkennen, brauchen wir nicht zu warten, bis unser Leben nahezu »hundert Grad« hat, denn dann könnte es nämlich zu spät sein. Nehmen wir uns lieber jetzt, solange wir noch lebendig sind, die Zeit, um Leben und Sterben zu verstehen, damit wir uns von der Angst, den Befürchtungen und Sorgen befreien können. Ob wir schnell oder langsam sterben, macht keinen großen Unterschied. Diese Einsicht macht unser Leben reicher und jeder Augenblick wird uns kostbar. Ein in dieser Einsicht tief gelebter Tag wiegt mehr als tausend Tage ohne sie.

Wichtiger als die Dauer unseres Lebens ist seine Qualität.

Lebendig oder tot?

Beim Anblick einer mächtigen Eiche kann man sich kaum noch vorstellen, dass sie aus einer Eichel stammt. Lebt die Eichel noch? Wenn ja, weshalb sieht man sie dann nicht? Und wenn sie nicht mehr existiert, weil sie gestorben ist, wie kann dann jetzt eine Eiche dastehen?

Die Lehre der Zeichenlosigkeit bewahrt uns vor unserer Tendenz, die Dinge vorschnell in Schubladen einzusortieren. Wenn es um Fragen von Leben und Tod geht, legen wir üblicherweise vier Gesichtspunkte zugrunde:

1. Ist es lebendig?
2. Ist es tot?
3. Befindet es sich noch im Reich des Seins? Mit anderen Worten: Existiert es noch?
4. Ist es ins Reich des Nicht-Seins übergegangen und existiert es folglich nicht mehr?

Die Wahrheit ist, dass wir die Wirklichkeit nicht in die Kategorien von »Existierend« und »Nicht-Existierend« stecken können. Wenn wir einmal die letztendliche Wahrheit berührt haben, dann sehen wir, dass die Kategorien »lebendig« oder »tot« nicht anwendbar sind auf die Wirklichkeit, egal ob es sich um Wolken, Eicheln, Elektronen, Sterne oder uns selbst und unsere Lieben handelt.

So wie wir uns befreien müssen von der Vorstellung eines Selbst oder des Unterschieds zwischen Menschen und anderen Lebensformen, so müssen wir uns auch befreien von dem Zeichen oder der Erscheinung, die wir »Lebensdauer« nennen. Die Dauer des Lebens beschränkt sich nicht auf die siebzig, achtzig oder neunzig Jahre, die der Körper währt, und das ist eine gute

Nachricht. Dein Körper ist nicht dein Selbst. Du bist viel mehr als dieser Körper. Du bist grenzenloses Leben.

Du bist weitaus mehr als dieser Körper

Inzwischen beginnt dir vielleicht einzuleuchten, dass du nicht auf deinen Körper beschränkt bist, selbst wenn dieser noch am Leben ist. Wir inter-sind mit unseren Vorfahren, unseren Nachkommen und dem gesamten Kosmos. Wir besitzen kein für sich existierendes Selbst, wir sind eigentlich nie wirklich geboren worden und werden niemals wirklich sterben. Wir sind mit der Gesamtheit des Lebens verflochten und wandeln uns ständig.

In den buddhistischen Traditionen gibt es zahlreiche Ansätze, wie man sich dieses grenzenlose Leben vor Augen führen kann. Einer dieser Ansätze besagt, dass wir über den physischen Körper hinaus etliche weitere Körper haben. In manchen Schulen werden drei solche Körper genannt, in anderen sind es fünf oder sieben. Wenn wir in diese tief schauen und die Natur der Leerheit, Zeichenlosigkeit und Einsicht des Interseins verstehen, können wir mindestens acht verschiedene Körper identifizieren. Wenn wir alle unsere Körper erkennen und erfahren können, leben wir auf eine viel tiefere Weise und sehen dem Niedergang und Zerfall unseres physischen Körpers ohne Angst entgegen.

Mit »Körper« meinen wir hier einfach eine Ansammlung von Energien, ein Energiegefüge. Wissenschaftlich gesehen ist eigentlich alles, was wir wahrnehmen, Energie. Manche Energieformen können wir mit unseren Sinnen wahrnehmen, andere nur mittels spezieller Instrumente. Vielleicht gibt es weitere Energieformen, die wir noch nicht erfassen können, aber wir können sie möglicherweise dennoch spüren oder wahrnehmen.

Wir sind mit allen unseren acht Körpern ganz direkt verbunden. Wir können so für sie sorgen, dass sie stark und gesund bleiben, für uns da sind, wenn wir sie brauchen, und darüber hinaus die Eigenschaften enthalten, deren Fortführung wir uns wünschen, wenn der physische Körper vergeht.

Einer meiner Schüler sagte: »Wenn ich acht Körper habe, dann muss ich achtmal duschen, einmal für jeden Körper.« Aber diese acht Körper sind so innig miteinander verbunden, dass wir nur ein einziges Mal achtsam duschen müssen. Das spart auch eine Menge Wasser.

Es ist herrlich, so viele Körper zu haben, aber glaube mir das bitte nicht einfach. Finde selbst heraus, was es damit auf sich hat.

Erster Körper: der menschliche Körper

Dank unseres menschlichen Körpers können wir fühlen, können wir heilen, uns verändern und das Leben mit all seinen Wundern erfahren. Wir können uns um andere kümmern, die uns am Herzen liegen. Wir können uns mit Angehörigen wieder vertragen, wenn es Streit gab. Wir können für andere sprechen. Wir können etwas Schönes sehen. Wir können Vogelstimmen oder das Tosen der anwachsenden Brandung hören. Wir können uns einsetzen, um unsere Welt gesünder, friedlicher und mitfühlender zu machen. Dank unseres Körpers ist alles möglich.

Trotzdem vergessen wir nur allzu leicht, dass wir einen Körper haben. Er ist zwar da, aber in Gedanken sind wir anderswo und nicht beim Körper. Unser Geist lässt eine gewisse Fremdheit zu ihm entstehen, weil er mehr mit unseren Vorhaben, Sorgen und Ängsten befasst ist. Wenn wir stundenlang am Computer arbeiten, vergessen wir den Körper, bis er irgendwo Unbehagen meldet. Wenn wir den Körper vergessen, können wir dann wirklich sagen, wir seien lebendig? Wenn wir mit unserem Geist nicht bei unserem Körper sind, können wir uns kaum als ganz präsent und wahrhaft lebendig bezeichnen.

Beim achtsamen Atmen genießt du einfach das Ein- und Ausatmen. Du bringst den Geist heim zum Körper, und dir geht auf, dass du lebst, immer noch lebst – und was für ein Wunder das ist. Lebendig zu sein ist das größte aller Wunder.

Die meisten Menschen haben noch nicht wirklich gelernt, sich gut um ihren Körper zu kümmern. Wir müssen lernen, uns zu entspannen, gut zu schlafen und uns so zu ernähren, dass der Körper gesund bleibt und sich leicht und wohl fühlt. Unser Körper teilt uns ständig mit, was er braucht und nicht braucht, wir müssen nur hinhören. Obwohl seine Stimme sehr klar ist, scheinen wir unsere Fähigkeit verloren zu haben, ihm zuzuhören. Wir haben unseren Körper zu sehr angetrieben, und das summiert sich jetzt zu Schmerz und ständiger Anspannung. Wir haben ihn so lange vernachlässigt, und jetzt fühlt er sich vielleicht allein und im Stich gelassen. Unser Körper besitzt Weisheit, wir müssen uns nur selbst die Gelegenheit geben, auf ihn zu hören.

Vielleicht möchtest du jetzt gleich eine kleine Pause einlegen, um Kontakt mit deinem Körper aufzunehmen. Wende deine Aufmerksamkeit einfach dem Atem zu und nimm den gesamten Körper wahr. Wenn du magst, sag: »Lieber Körper, ich weiß, dass du da bist.« Mit dieser Heimkehr zum Körper kann sich schon einiges an Spannung lösen, ganz sanft. Dies ist ein Akt der Versöhnung. Es ist ein Akt der Liebe.

Unser Körper ist ein Meisterwerk des Kosmos. Alles ist in ihm repräsentiert, das gesamte Universum, die Sterne, der Mond und die Präsenz all unserer Vorfahren. Wie viele Millionen Jahre hat die Evolution gebraucht, um diese beiden Augen, Beine, Füße und Hände entstehen zu lassen? Jeden Augenblick wird unser Dasein von unzähligen Lebensformen unterstützt. Für die Kontaktaufnahme zu unserem Körper brauchen wir nur ein paar Momente des Innehaltens und des bewussten Atmens. Jeder kann diese Zeit aufbringen, und doch tun wir es nicht. Seltsam, wir denken mit Entsetzen daran, was mit unserem Körper passiert, wenn wir sterben, aber wir haben keine echte Freude an ihm, solange wir leben.

Wir müssen lernen, unser Leben als Menschen voll und ganz zu leben. Wir müssen jeden Atemzug auf eine tiefe Weise leben, sodass wir Frieden, Freude und Freiheit empfinden, während wir atmen.

Dass unser physischer Körper ein Wunder des Lebens und ein Geschenk des Kosmos ist, kann uns als blitzartige Erkenntnis aufgehen, doch dann gilt es, diese Einsicht aufrechtzuerhalten. Wenn das nicht gelingt, drängen sich Ruhelosigkeit und Aufregung wieder vor, sodass wir diese Einsicht wieder vergessen. Lebendig zu sein erscheint uns dann nicht mehr als wunderbare Kostbarkeit. Das heißt, wir müssen diese Einsicht in jedem Moment aufrechterhalten und nähren. Dazu brauchen wir Konzentration, aber schwierig ist es nicht. Beim Gehen und bei der Arbeit oder beim Essen wenden wir unser Bewusstsein diesem menschlichen Körper zu und freuen uns am Gefühl seiner Haltung und seiner Bewegung, an diesem Wunder, lebendig zu sein.

Das darf uns aber nicht dazu verleiten, unseren Körper für unser Selbst zu halten. Der Körper besteht vollständig aus Nicht-Körper-Elementen, darunter die vier Grundelemente Erde, Wasser, Feuer und Luft. Wenn wir uns diese Elemente vergegenwärtigen, wird klar, wie innig dieser Körper mit seiner Umgebung verbunden ist – es lässt sich da keine Grenze ziehen. Die vier Elemente sind in uns die gleichen wie außerhalb, und es findet ein ständiger Austausch statt. Eben jetzt in diesem Moment nehmen wir Wasser, Wärme und Atemluft auf und geben sie ab, die Zellen und Atome unseres Körpers werden von der Erde ernährt und kehren zu ihr zurück. Diese Betrachtung kann uns eine große Hilfe sein, wenn wir krank sind oder sterben. Wir brauchen aber nicht bis dahin zu warten. Wir kehren nicht erst dann zur Erde zurück, wenn der ganze Körper stirbt. Jeden Augenblick kehren wir zur Erde zurück und werden von ihr erneuert.

Zweiter Körper: der Buddha-Körper

Wer einen menschlichen Körper besitzt, hat auch einen Buddha-Körper. Das Wort »buddha« bezeichnet jemanden, der erwacht ist und der sich für das Erwachen anderer Wesen einsetzt. »Buddha-Körper« ist einfach die Kurzformel für unsere Fähigkeit, wach und ganz präsent zu sein, verständnisvoll, mitfühlend und liebevoll. Einen Buddha-Körper hat jeder einfach, da braucht man nicht einmal das Wort »buddha« zu kennen oder zu verwenden. Man muss an nichts glauben, nicht einmal an den Buddha. Buddha Shakyamuni war kein Gott. Er war ein Mensch mit einem menschlichen Körper, und er lebte so, dass sein Buddha-Körper wachsen konnte.

Jeder Mensch kann ein Buddha werden. Das ist doch eine gute Nachricht! Wir alle tragen die Keime der Achtsamkeit und Liebe, des Verstehens und Mitgefühls in uns, und ob diese wachsen können, hängt von unserer Umgebung und unseren Erfahrungen ab. Zweifle nicht daran, dass du einen Buddha-Körper hast. Erinnere dich: Es ist schon vorgekommen, dass du verständnisvoll warst, dass du verzeihen und lieben konntest. Dies sind die Anlagen und Samen deines Buddha-Körpers. Du musst dem Buddha-Körper in dir eine Chance geben.

Du musst keine besonderen Anstrengungen unternehmen, um den Buddha in dir wachsen zu lassen. Wenn du aufwachst zu der Schönheit der Natur, bist du bereits ein Buddha. Und wenn du den Geist des Wachseins den ganzen Tag aufrechterhalten kannst, bist du ein Vollzeit-Buddha.

Ein Buddha zu sein ist nicht schwer, halte einfach den ganzen Tag dein Erwachen lebendig. Wir können alle unseren Tee achtsam trinken. Jeder von uns kann achtsam atmen, gehen, duschen, essen und das Geschirr abspülen. Jeder von uns kann mitfühlend sprechen und zuhören. Je mehr du die Samen der Achtsamkeit, Konzentration, Einsicht und Liebe in dir wässerst, desto mehr wird dein Buddha-Körper wachsen, sodass du immer glücklicher und freier wirst. In jeder Position und Tätigkeit, als Lehrer, Künstler, Sozialarbeiter oder in der Geschäftswelt können wir uns an der Arbeit eines Buddha beteiligen und uns für das Erwachen, für Erleuchtung und positive Veränderungen in der Welt einsetzen. Wenn wir ganz präsent sind und mit den heilenden, nährenden Wundern des Lebens in Berührung sind, haben wir auch die Kraft, anderen so zu helfen, dass sie weniger leiden. Wer nicht selbst erwacht ist, kann keinem anderen dazu verhelfen. Ein Nicht-Buddha kann niemanden zum Buddha machen.

Ein Buddha zu sein – aufzuwachen –, das bedeutet auch, dass wir zum Leiden in der Welt aufwachen und Wege finden, die zu Linderung und Transformation führen. Das verlangt eine enorme Energiequelle. Deine starke Aspiration – dein Geist der Liebe – ist diese immense Energiequelle, die uns hilft aufzuwachen zu der nährenden und heilenden Schönheit der Natur und zum Leiden in der Welt. Zu helfen verleiht dir sehr viel Energie. Darin besteht die »Karriere« eines Buddha. Wenn du diese Quelle der Kraft und den Geist der Liebe in dir hast, bist du ein wirkender Buddha.

Dritter Körper: der Körper der spirituellen Praxis

Der Körper der spirituellen Praxis geht aus unserem Buddha-Körper hervor. Spirituelle Praxis ist die Kunst zu wissen, wie man Glück erzeugt und mit Leiden umgeht – ganz so, wie ein Gärtner den Schlamm für die Züchtung von Lotusblumen zu nutzen versteht. Spirituelle Praxis hilft uns, Herausforderungen und Schwierigkeiten besser zu meistern. Sie ist die Kunst des Innehaltens und tiefen Schauens, um tiefere Einsicht zu gewinnen. Das ist sehr konkret. Wir kultivieren unseren spirituellen Praxis-Körper – oder »Dharma-Körper«, wie er auch genannt wird –, indem wir im Alltag die Samen der Achtsamkeit und des Erwachens pflegen. Je fester unser spiritueller Körper wird, desto glücklicher werden wir und desto besser können wir den Menschen in unserer Umgebung dazu verhelfen, glücklicher zu werden und weniger zu leiden. Die spirituelle Dimension des Lebens ist für uns alle sehr wichtig.

Für einen starken Körper der spirituellen Praxis kann nur jeder selbst Tag für Tag sorgen. Mit jedem Schritt in Frieden, mit jedem achtsamen Atemzug wächst deine spirituelle Praxis. Sie wächst auch immer dann, wenn du dich heftiger Gefühle achtsam annimmst, um Ruhe und Klarheit wiederherzustellen. Dann, in schwierigen Momenten, wird dir dein spiritueller Praxis-Körper zur Seite stehen. Er ist bei dir, am Flughafen, im Supermarkt und bei der Arbeit.

*Man kann uns das Handy,
den Computer oder Geld stehlen, nicht
jedoch unsere spirituelle Praxis. Sie ist
immer da, sie schützt und nährt uns.*

Der Mönch Vaikali war einer der persönlichen Betreuer des Buddha. Er hing sehr an ihm, und als der Buddha das bemerkte, durfte Vaikali nicht mehr sein Betreuer sein. Das traf Vaikali hart, er litt sehr darunter, so sehr, dass er sich das Leben zu nehmen versuchte. Vaikali hing am menschlichen Körper des Buddha, aber durch die Unterweisungen und seine Praxis entwickelte und transformierte er sich und vertiefte sein Verstehen von wahrer Liebe.

Eines Tages, als der Buddha sich gerade in Rajagriha, der Hauptstadt eines Reichs im alten Indien, aufhielt, wurde ihm zugetragen, Vaikali sei krank und liege im Sterben. Zu dieser Zeit ging auch der Buddha dem Ende seines Lebens entgegen. Dennoch nahm er den Abstieg vom Geierberg, wo er sich gerade aufhielt, auf sich und besuchte Vaikali im Haus eines Töpfers. Er wollte sehen, ob sein Schüler so weit war, frei und ohne Angst von seinem Körper zu lassen. Deshalb fragte er ihn: »Lieber Freund, gibt es irgendetwas, das du bedauerst?«

»Nein«, antwortete Vaikali, »ich habe nichts zu bedauern, lieber Lehrer, nur dies eine, dass ich zu krank bin, um weiterhin auf den Geierberg zu steigen und mich in den Anblick deiner dort sitzenden Gestalt zu versenken.« Ein wenig Anhaftung war noch vorhanden. »Vaikali, komm schon!«, rief der Buddha. »Du hast meinen Dharma-Körper, was brauchst du da noch meinen menschlichen Körper?« Was wir von unseren Lehrern gelernt haben, ist viel wichtiger als ihre physische Präsenz. Unsere Lehrer haben die Früchte all ihrer Weisheit und Erfahrung an uns weitergegeben. Der Buddha wollte seinem Schüler mitteilen, er solle nach dem inneren Lehrer schauen, nicht nach dem äußeren. Unsere Lehrer sind in uns gegenwärtig, was könnten wir uns sonst noch wünschen?

Mein physischer Körper mag nicht mehr sehr lange bestehen, aber ich weiß, dass mein Körper der spirituellen Praxis, mein Dharma-Körper, so stark ist, dass er noch lange bestehen bleiben kann. Er hat mich durch so vieles helfend begleitet. Ohne meinen Dharma-Körper und ohne meine Achtsamkeitspraxis hätte ich die unendlichen Probleme, den Schmerz und die Verzweiflung in meinem Leben nicht überstehen können. Ich habe Krieg und Gewalt erlebt, mein Land wurde geteilt, meine Gesellschaft und spirituelle Gemeinschaft wurden zerrissen, und wir begegneten so viel Diskriminierung, Hass und Verzweiflung. Nur dank meines Dharma-Körpers konnte ich überleben – und nicht nur überleben, sondern all diese Schwierigkeiten überwinden und transformieren, um daran zu wachsen.

Ich tue mein Bestes, um jede Erfahrung, die ich durch die Praxis gewinnen durfte, an meine Schülerinnen und Schüler weiterzugeben. Mein Dharma-Körper ist das größte Geschenk, das ich geben kann. Es ist der Körper all meiner spirituellen Praktiken und Einsichten, die mir selbst Heilung, Transformation, Glück und Freiheit geschenkt haben. Ich bin zuversichtlich, dass meine Freunde und Schüler meinen spirituellen Praxis-Körper aufnehmen und zum Nutzen kommender Generationen noch weiter nähren. Wir müssen gut praktizieren und fortfahren, unseren spirituellen Praxis-Körper wachsen und immer angemessener für unsere Zeit werden zu lassen.

Vierter Körper: der Gemeinschafts-Körper

1966 wurde ich aus meinem Heimatland ausgewiesen, weil ich im Westen unter anderem um Unterstützung der Friedensbemühungen für Vietnam gebeten hatte. Ich fühlte mich wie eine Biene, die nicht mehr in ihren Stock darf, wie eine vom Körper abgestoßene Zelle. Ich hatte keinen Kontakt mehr zu meinen Kollegen und Freunden in Vietnam, die sich große Mühe gaben, unsere gesellschaftlichen und erzieherischen Projekte ohne mich fortzusetzen. Es war eine sehr schwierige und schmerzhafte Zeit, doch die Achtsamkeitspraxis heilte meinen Schmerz und ich begann Wege zu finden, außerhalb Vietnams eine Gemeinschaft aufzubauen.

Als ich im Jahr darauf zum letzten Mal Martin Luther King traf, sprachen wir über unseren Traum, eine Gemeinschaft aufzubauen. Er nannte sie »liebende Gemeinschaft«. Das ist eine Gemeinschaft von Menschen, die den gleichen tiefen Wunsch teilen und einander beim Erreichen dieses Ziels unterstützen. Wenn wir auf unserem spirituellen Pfad wachsen wollen, brauchen wir eine Gemeinschaft und spirituelle Freunde, die uns unterstützen und nähren. Wir selbst sind in gleicher Weise für die anderen da – wie Zellen desselben Körpers. Auf uns allein gestellt, ohne eine Gemeinschaft, vermögen wir wenig auszurichten. Wir brauchen eine Gemeinschaft gleichgesinnter Freundinnen und Freunde, um unsere tiefsten Träume verwirklichen zu können.

Es ist möglich, nicht nur unser eigenes Zuhause, sondern auch unser berufliches Umfeld, unsere Schule, Firma oder Klinik in eine liebende Gemeinschaft zu verwandeln, in eine Art Familie, wo Liebe, Verstehen und echte Kommunikation gelebt werden.

Wir fangen mit ein paar Gleichgesinnten an, die die gleichen Vorstellungen und Wünsche haben, und erweitern dann den Kreis. Vier Personen genügen für den Anfang. Fünf sind besser, und bei mehr als fünf stehen wir schon sehr gut da.

Die Kernelemente der liebenden Gemeinschaft sind Liebe, Vertrauen, Freude, Harmonie und brüderliches beziehungsweise schwesterliches Miteinander. Wenn wir Verstehen und Mitgefühl generieren können in der Art und Weise, wie wir gemeinsam leben und arbeiten, spürt jeder, mit dem wir es zu tun bekommen, sofort diese Energie und profitiert von ihr. Wir verabreden Zeiten, in denen jeder seine Einsichten und Probleme mitteilen kann und alle tief zuhören, oder wir verabreden uns einfach zu entspanntem Zusammensein mit Tee und Gebäck, um einfach nur ganz präsent und füreinander da zu sein. Unsere Gemeinschaft kann eine Quelle der Unterstützung und ein Zufluchtsort für viele Menschen werden. Wir nähren unsere Gemeinschaft zu unseren Lebzeiten, und sie trägt uns weiter in die Zukunft.

Fünfter Körper: der Körper außerhalb des Körpers

Jeder von uns kann an vielen Orten der Welt präsent sein. Wir können hier, aber gleichzeitig vielleicht in einem Gefängnis oder in einem fernen Land sein, in dem die Kinder hungern. Wir brauchen nicht mit dem physischen Körper präsent zu sein. Wenn ich ein Buch schreibe, vertausendfache ich mich und kann ein bisschen überall sein. Jedes Buch wird zu meinem Körper außerhalb des Körpers.

Ich kann als eine meiner Kalligrafien in jemandes Wohnung einziehen. Ich kann in Gestalt einer DVD ins Gefängnis gehen.

In Madrid hat mir einmal eine Frau aus Südamerika von einer psychiatrischen Klinik erzählt, in der eine Achtsamkeitsglocke über die allgemeine Beschallungsanlage erklingt. Eine Achtsamkeitsglocke soll uns daran erinnern, innezuhalten und zu uns selbst zurückzukommen. Immer wenn die Ärzte, Pflegekräfte und Patienten diese Glocke hörten, unterbrachen sie, was sie gerade taten, kehrten zu sich selbst zurück, entspannten sich und genossen das achtsame Atmen. In dieser Klinik wurde die Achtsamkeitsglocke auch in den Computern und Telefonen programmiert, um dort regelmäßig zu erklingen. Die beruhigende und insgesamt gute Wirkung dieser Glocke bei allen Beschäftigten und Patienten, sagte diese Frau, sei wirklich bemerkenswert. Ich habe schon vielfach angeregt, in Gesundheitseinrichtungen solche Momente des Innehaltens, des Ruhigwerdens und der echten Präsenz zu schaffen, aber in dieser südamerikanischen Klinik war ich noch nicht und auch unsere Dharma-Lehrer haben sie noch nicht besucht. Wie ist es möglich, dass noch niemand von uns physisch dort war, aber die Praxis des Innehaltens beim Klang der Glocke die gleiche wie in unseren Praxiszentren ist? Unsere Präsenz, unsere Praxis und Handeln sind nicht-lokal. Ich bin nicht nur dieser Körper aus Fleisch und Knochen mit seinen paar Dutzend Kilo.

In vielen nordamerikanischen und britischen Gefängnissen gibt es Häftlinge, die Meditation im Sitzen und im Gehen üben. Sie haben das freundliche, mitfühlende Atmen, Gehen und Sprechen gelernt. Diese Häftlinge sind auch ich. Sie sind mein Körper, da sie meine Bücher lesen. Sie praktizieren, was sie da lesen, und sind gleichsam meine Fortführung. Sie sind mein Körper außerhalb meines Körpers.

Einer dieser Strafgefangenen besaß mein Buch »*Stepping into Freedom*« (»In die Freiheit gehen«), eine Einführung in die Schulung angehender buddhistischer Mönche und Nonnen und nachdem er es gelesen hatte, wollte er ein Novize werden. Da ihn dort im Gefängnis niemand würde ordinieren können, rasierte er sich selbst den Kopf und übertrug sich selbst die Regeln, die normalerweise von einem Lehrer auf seinen Schüler übertragen werden. Dann praktizierte er als Novize in seiner Zelle. Immer wenn ich solche Geschichten höre, weiß ich, dass ich überall bin und mein

Gemeinschafts-Körper überall ist. Unser Körper ist nicht-lokal. Der Sträfling, der achtsames Gehen übt, ist wir. Unser Körper ist nicht nur hier. Wir sind überall zugleich präsent.

So ist es auch für Vater und Sohn oder Mutter und Tochter. Wenn ein Vater seinen Sohn mit dem Blick der Zeichenlosigkeit betrachtet, sieht er, dass sein Sohn er ist und er sein Sohn ist. Er ist der Vater und zugleich der Sohn. So sieht er seinen Körper außerhalb seines Körpers. So kann auch der Sohn seinen Vater betrachten und sich in ihm erkennen – er sieht seinen Körper außerhalb seines Körpers. Wenn wir uns beim Anblick unserer Kinder und Enkel selbst sehen, dann fangen wir an, dass wir unseren Körper außerhalb dieses Körpers sehen.

Der sechste Körper: der Fortführungs-Körper

Unser Leben lang erzeugen wir Energie. Wir sprechen, wir agieren, und jeder Gedanke, jedes Wort, jedes Handeln trägt unsere Signatur. Was wir durch Gedanken, Rede und Handeln erzeugen, wird weiterhin die Welt beeinflussen und weiterwirken. Das ist unser Fortführungs-Körper. Unsere Handlungen »verlängern« uns in die Zukunft hinein. Wir sind wie Sterne, deren Licht noch Jahrmillionen nach ihrem Erlöschen durchs All strahlt.

Wenn du einen Gedanken des Hasses, der Wut oder der Verzweiflung erzeugst, schadest du nicht nur dir selbst, sondern auch der Welt. Keiner von uns möchte so fortbestehen. Wir alle möchten Gedanken des Mitgefühls, des Verstehens und der Liebe erzeugen. Solche Gedanken heilen und nähren uns und die Welt. Wie saure Wolken sauren Regen ergeben, so erzeugt die Energie von Ärger, Angst, Vorwürfen und Diskriminierung eine vergiftete Umwelt für uns und andere. Nutze deine Zeit weise. Jeden Augenblick ist es möglich, etwas zu denken, zu sagen oder zu tun, das eine Inspiration für Hoffnung, Vergebung und Mitgefühl sein kann. Du kannst etwas tun, um andere vor Schaden zu bewahren und ihnen sowie unserer Welt zu helfen.

Wir müssen uns in der Kunst des Rechten Denkens üben, damit wir jeden Tag gute, aufbauende Gedanken erzeugen können. Wenn du über irgendjemanden bis jetzt schlecht gedacht hast, kannst du immer noch umdenken. Im gegenwärtigen Augenblick begegnen sich Vergangenheit und Zukunft. Wenn du heute einen Gedanken des Mitgefühls, der Liebe und des Verzeihens hast, dann hat dieser positive Gedanke die Kraft, den schlechten Gedanken von gestern zu transformieren und eine bessere Zukunft für morgen zu garantieren.

Jeden Tag können wir üben, mitfühlende Gedanken zu erzeugen. Denken ist bereits eine Handlung. Jeder mitfühlende Gedanke trägt unsere Signatur und ist unsere Fortführung.

Unsere Worte sind Energie, die einen Dominoeffekt weit über unsere Vorstellungskraft hinaus haben. Wir müssen lernen, so zu kommunizieren, dass unsere

Worte Liebe, Versöhnung und Verstehen hervorbringen. So wie es bitter schmeckt, unfreundliche, abschätzige Worte von sich zu geben, so wundervoll fühlt es sich an, verständnisvolle Worte voller Liebe auszusprechen. Wenn wir uns mit jemandem, auf den wir ärgerlich waren, wieder versöhnen, indem wir liebevolle Rede benutzen, ist das heilend für beiden Seiten. Es erleichtert uns sofort, es bringt Frieden. Nimm diese Herausforderung an: Vergegenwärtige mit tiefem achtsamem Atmen dein eigenes Leid und das des anderen. Dann raffe dich zu einem Anruf auf, fest entschlossen, bei guten, verständnisvollen Worten zu bleiben. Vielleicht hattest du das schon lange vor, vielleicht wartet der oder die andere darauf, ohne es zu wissen.

Natürlich kannst du statt eines Anrufs auch eine E-Mail oder SMS, die voller Liebe und Verstehen ist, schreiben. Die Heilung setzt bereits vor dem Absenden ein. Es ist nie zu spät, sich mit geliebten Menschen zu versöhnen, selbst wenn sie nicht mehr leben. Auch Verstorbenen kannst du Briefe des Bedauerns und der Liebe senden. Das allein bringt schon Frieden und führt Heilung herbei. Deine Worte können zur Kostbarkeit werden, sie überwinden Raum und Zeit und lassen gegenseitiges Verstehen und Liebe zurückkehren.

Ähnliches gilt für unser äußeres, körperliches Handeln, in dem wir uns ebenfalls fortsetzen. Wenn unser körperliches Handeln für andere hilfreich oder inspirierend ist, heilt und nährt es auch uns selbst und die Welt. Fragen wir uns also: »Worin investiere ich meine körperliche Energie?«, »Was hinterlasse ich, wenn mein

Körper stirbt?«, und »Was kann ich heute tun, um meine Träume zu verwirklichen?«

Betrachten wir noch einmal die Wolke am Himmel. Während sie noch Wolke ist, kann sie gleichzeitig bereits ihren Fortführungs-Körper als Regen, Schnee oder Hagel sehen. Wenn ein Drittel bereits als Regen fällt und zwei Drittel noch Wolke sind, kann sie sich selbst fröhlich beim Regnen zusehen. Sie sieht ihren Fortführungs-Körper. Eine Wolke zu sein ist sehr schön, aber als Regen zu fallen und fließende Gewässer der Erde zu sein ist ebenfalls schön. Die Wolke findet es wunderbar, vom Himmel zu blicken und ihren Fortführungs-Körper als frisches, klares Wasser in einem gewundenen Bach durch die Landschaft strömen zu sehen.

Als ich achtzig war, fragte mich eine Journalistin, ob ich daran dächte, meine Tätigkeit als spiritueller Lehrer aufzugeben. Ich lächelte und erklärte ihr, dass das Lehren nicht nur aus Worten besteht, sondern aus unserer Art zu leben. Unser Leben ist unsere Lehre. Unser Leben ist unsere Botschaft. Deshalb, fuhr ich fort, werde ich lehren, solange ich achtsam sitze, gehe, esse und mit den Menschen in meiner Umgebung umgehe. Ergänzend fügte ich hinzu, ich hätte bereits meine langjährigen Schüler aufgefordert, mich mehr und mehr zu ersetzen und selbst Dharma-Vorträge zu halten. Viele machen das ganz großartig, sogar besser als ich! Wenn sie lehren, sehe ich mich in ihnen fortgesetzt.

Wenn du deinen Sohn, deine Tochter oder deine Enkel ansiehst, kannst du sehen, dass sie deine Fortführung sind. Auch eine Lehrerin kann beim Blick auf ihre

Klasse erkennen, dass die Schüler ihre Fortführung sind. Wenn ein Lehrer selbst glücklich ist und viel Freiheit, Mitgefühl und Verstehen mitbringt, sind auch seine Schüler glücklich und fühlen sich verstanden. Es ist für jeden von uns möglich, unsere Fortführung sofort zu sehen. Wir müssen nur daran erinnern, jeden Tag auf diese Weise zu schauen. Wenn ich meine Freunde, Schülerinnen und Schüler und die über tausend von mir ordinierten Mönche und Nonnen betrachte, die überall auf der Welt Achtsamkeit praktizieren und Retreats leiten, sehe ich meinen Fortführungs-Körper.

Auch wenn wir noch ganz jung sind,
haben wir bereits einen Fortführungs-Körper.
Kannst du ihn sehen?

Siehst du, wie du dich in deinen Eltern fortsetzt, in deinen Geschwistern, in deinen Lehrern und Freunden? Siehst du den Fortführungs-Körper deiner Eltern und aller Menschen, die dir am Herzen liegen? Wir brauchen nicht alt zu werden oder zu sterben, um unseren Fortführungs-Körper zu sehen. Eine Wolke muss sich ja auch nicht erst ganz in Regen verwandeln, um ihren Fortführungs-Körper zu sehen. Siehst Du deinen Regen, deinen Fluss, dein Meer?

Jeder von uns sollte sich darin üben, unseren Fortführungs-Körper schon jetzt zu sehen. Wenn wir ihn sehen können, während wir noch leben, wissen wir, wie wir ihn pflegen und nähren müssen, um eine schöne Fortführung in der Zukunft sicherzustellen. Das ist die wahre Lebenskunst. Wenn dann die Zeit kommt, diesen physischen Körper abzulegen, werden wir uns ganz leicht von ihm lösen können.

Ich vergleiche meinen Körper manchmal mit Wasser, das in einem Kessel erhitzt wird, bis es verdampft. Wenn mein Körper stirbt, könntest du sagen: »Thich Nhat Hanh ist gestorben.« Aber das stimmt nicht. Ich werde niemals sterben.

Ich bin von der gleichen Natur wie die Wolke – keine Geburt, kein Tod. So wie es unmöglich ist, dass eine Wolke stirbt, so ist es auch unmöglich, dass ich sterbe. Ich genieße es, über meinen Fortführungs-Körper nachzudenken, so wie die Wolke mit Vergnügen zuschaut, wie sie als Regen fällt und unten ein Fluss wird. Wenn du dich genau betrachtest, wirst du sehen, dass auch du mich irgendwie fortsetzt. Wenn du achtsam ein- und ausatmest und Frieden, Glück und Erfüllung findest, weißt du, dass ich immer bei dir bin, egal ob mein physischer Körper noch lebendig ist oder nicht. Ich werde in meinen Freunden, Laienschülern und monastischen Schülern fortgeführt. Ich setze mich in den vielen Menschen weltweit fort, denen ich nie begegnet bin, die aber meine Bücher lesen oder Vorträge hören oder in einer Gemeinschaft vor Ort oder einem unserer Praxiszentren Achtsamkeit üben. Wenn du mit den Augen der Zeichenlosigkeit schaust, wirst du mich weit über diesen Körper hinaus sehen können.

»Was geschieht, wenn ich sterbe?« Die kürzeste Antwort auf diese Frage lautet, dass ich nicht sterbe. Und das ist die Wahrheit, denn wenn du die Natur der

Person, die stirbt, und die Natur des Vorgangs des Sterbens verstehst, wirst du sehen, dass es so etwas wie den Tod gar nicht gibt. Es gibt kein Selbst, das stirbt. Es findet nur Transformation statt.

Der siebte Körper: der kosmische Körper

Unser kosmischer Körper umfasst die gesamte Welt der Phänomene. Das Wunderwerk des physischen Körpers wird eines Tages zerfallen, aber wir sind weitaus mehr als dieser menschliche Körper. Wir sind auch der Kosmos, auf dem unser Körper beruht. Ohne den Kosmos könnte unser Körper gar nicht vorhanden sein. Mit der Einsicht des Interseins erkennen wir die Wolken in uns, die Berge, Flüsse, Wiesen und Bäume. Auch Sonnensein ist in uns – wir sind Kinder des Lichts, Söhne und Töchter der Sterne. Dieser kleine Menschenkörper birgt den gesamten Kosmos mit allen seinen Phänomenen, und all das kommt eben jetzt zusammen und trägt unseren Körper.

Wenn wir unseren Körper als Meereswelle visualisieren, dann besteht unser kosmischer Körper aus allen anderen Wellen. Wir erkennen uns in allen anderen Wellen und alle anderen Wellen in uns. Den kosmischen Körper brauchen wir nicht außerhalb unserer selbst zu suchen, er ist jetzt und jederzeit in uns. Wir sind aus Sternenstaub und Kinder der Erde, alle aus denselben Elementen und Mineralien gefügt. Wir haben Berge, Flüsse, Sterne und schwarze Löcher in uns. In jeder Minute unseres Lebens zieht der Kosmos durch uns hindurch und erneuert uns, während wir uns dem Kosmos zurückgeben. Wir atmen die Luft der Atmosphäre, essen die Nahrung der Erde, bringen neue Ideen hervor, erleben neue Gefühle. Wir geben auch Energie an den Kosmos zurück, wenn wir denken, sprechen und handeln, wenn wir ausatmen und Wärme abgeben und alles Verzehrte und Verdaute wieder entlassen. Jeden Augenblick kehrt vieles von uns zur Erde zurück. Wir gehen nicht erst dann wieder in die Erde und den Kosmos ein, wenn unser Körper sich auflöst.

Wir sind bereits in der Erde
und die Erde ist in uns.

Unser menschlicher Körper ist ein Meisterstück des Kosmos; wir achten, hegen und schätzen unseren kosmischen Körper in dem Maße, in dem wir den physischen Körper achten, hegen und schätzen. Kümmern wir uns also gut um unseren Körper, denn das kommt sowohl unseren Vorfahren als auch unserem kosmischen Körper zugute.

Der achte Körper: der Körper der wahren Natur des Kosmos

Unser achter Körper ist die tiefste Schicht des Kosmischen: die Natur der Wirklichkeit als solcher, jenseits aller Formen, Zeichen, Gedanken und Wahrnehmungen. Wir können ihn den »Körper der wahren Natur des Kosmos« nennen. Wenn wir mit allem, was ist, in Berührung kommen – mit Wellen, Sonnenschein, Wald, Luft, Wasser und Sternen –, nehmen wir die Phänomene-Welt der Erscheinungen und Zeichen wahr. Das ist die Ebene der relativen Wahrheit, auf der sich alles ständig ändert. Alles wird geboren und stirbt, alles ist Sein und Nichtsein unterworfen. Aber wenn wir die Welt der Phänomene tief genug berühren, dann gehen wir schließlich über die Erscheinungen und Zeichen hinaus und rühren an die letztendliche Wahrheit, die wahre Natur des Kosmos, die nicht mit Worten, Begriffen und Zeichen wie »Geburt« und »Tod« oder »kommen« und »gehen« beschrieben werden kann.

Wir sind wie eine Welle, die auf der Oberfläche des Ozeans erscheint. Der Körper der Welle währt nicht lange, vielleicht nur zehn bis zwanzig Sekunden. Die Welle beginnt und endet, sie steigt und fällt. Vielleicht ist die Welle in folgender Vorstellung gefangen: »Jetzt bin ich da, aber später werde ich nicht mehr da sein.« Vielleicht fürchtet sie sich, vielleicht erbittert es sie. Aber sie hat auch ihren Meeres-Körper, sie kommt aus dem Meer und sinkt ins Meer zurück. Sie ist sowohl ihr Welle-Körper als auch ihr Meeres-Körper, kurz, sie ist nicht nur Welle, sondern auch das Meer. Eine Welle muss nicht nach einem von ihr getrennten, separaten Meeres-Körper suchen, weil sie in genau diesem Augenblick beides zugleich ist. Sobald die Welle zu sich selbst, zu ihrer wahren Natur als Wasser, zurückfindet, verschwinden alle Ängste und Befürchtungen.

Die tiefste Schicht unseres Bewusstseins, wir nennen sie »Speicherbewusstsein«, hat die Kapazität direkt das Letztendliche zu berühren – den Bereich der Wirklichkeit selbst. Unser Geistbewusstsein mag dazu nicht in der Lage sein, aber unser Speicherbewusstsein berührt die wahre Natur des Kosmos, und dies sogar eben jetzt, in diesem Moment.

Wenn du in Berührung mit deinem kosmischen Körper kommst, ist das so, als würdest du aufhören, eine auf dem Meer schwimmende Eisscholle zu sein und du wirst wieder zu Wasser. Durch unser achtsames Atmen und tiefes Gewahrsein unseres Körpers können wir die Sphäre des Denkens, Unterscheidens und Analysierens verlassen und das Reich des Interseins betreten.

Alles inter-ist

Zwischen allen unseren verschiedenen Körpern besteht eine tiefe Verbindung. Physischer Körper, Buddha-Körper, spiritueller Praxis-Körper, Körper außerhalb des Körpers, Fortführungs-Körper, kosmischer Körper – sie alle inter-sind. Unser menschlicher Körper enthält sowohl unseren kosmischen Körper als auch die wahre

Natur des Kosmos – die Wirklichkeit als solche, jenseits aller Worte, Benennungen und Wahrnehmungen. Unser kosmischer Körper ist das Universum, die Schöpfung, das Meisterwerk Gottes. Wenn wir tief in den Kosmos schauen, sehen wir seine wahre Natur. Und wir können sagen, dass die wahre Natur des Kosmos Gott ist. Wenn wir tief in die Schöpfung schauen, sehen wir den Schöpfer.

Zunächst sieht es so aus, als existierten die Dinge getrennt voneinander, eins außerhalb des anderen. Die Sonne ist nicht der Mond, diese Galaxie ist eine andere als jene, du existierst außerhalb von mir, der Vater ist außerhalb des Sohnes. Aber wenn wir tief schauen, sehen wir die Verflochtenheit der Dinge. Wir können den Regen nicht aus der Blume und den Sauerstoff nicht aus dem Baum nehmen. Wir können den Sohn nicht aus dem Vater und den Vater nicht aus dem Sohn nehmen. Wir können nichts aus irgendetwas anderem herausnehmen. Wir sind die Berge und Flüsse, wir sind die Sonne und die Sterne. Alles inter-ist. Der Physiker David Bohm hat das die »implizite Ordnung« genannt. Zunächst sehen wir nur die »explizite Ordnung«, aber sobald wir erkennen, dass nichts außerhalb von etwas anderem existiert, berühren wir die tiefste Schicht des Kosmischen. Wir begreifen, dass wir das Wasser nicht aus der Welle und die Welle nicht aus dem Wasser nehmen können. Und so wie die Welle das Wasser selbst ist, so *sind* wir unser Gott-Körper.

Viele glauben immer noch, dass Gott als vom Kosmos, von seiner Schöpfung, getrennt existieren kann.

Aber du kannst Gott nicht aus dir entfernen, du kannst die wahre Natur des Kosmos nicht aus dir entfernen. Nirvana ist in dir.

Wollen wir Gott, wollen wir die wahre Natur des Kosmos berühren, so müssen wir nach innen blicken, nicht nach außen.

Wenn wir den Körper von innen her tief betrachten, können wir die Wirklichkeit an sich berühren. In tiefer Achtsamkeit und Konzentration bei der Gehmeditation in der Natur, beim Anblick des Sonnenuntergangs oder bei der Betrachtung deines menschlichen Körpers kannst du die wahre Natur des Kosmos berühren.

In der Achtsamkeitspraxis erleben wir vieles, was uns Erleichterung verschafft, aber die größte Erleichterung und innerer Frieden stellen sich ein, wenn wir unsere Natur von Keine-Geburt und Kein-Tod berühren können. Das ist wirklich möglich, es ist erreichbar, und es bringt uns große Freiheit. Wenn wir in Berührung mit unserem kosmischen Körper, unserem Gott-Körper, unserem Nirvana-Körper sind, dann fürchten wir das Sterben nicht mehr. Das ist der Kern der Lehre und Praxis des Buddha. Es gibt Menschen, die glücklich und in Frieden sterben, weil sie diese Einsicht berührt haben.

Übung: Das grenzenlose Leben

Es ist möglich, unseren Alltag so zu leben, dass uns alle Körper gegenwärtig sind und wir uns jeden Tag mit ihnen verbunden fühlen. Du wirst dein Fortbestehen über Zeit und Raum erkennen und verstehen, dass dein Leben grenzenlos ist. Dein physischer Körper, der eines Tages nicht mehr sein wird, ist nur ein kleiner Teil deiner selbst.

Wenn du möchtest, nimm dir ein wenig Zeit, um den folgenden Text auf dich wirken zu lassen. Er möchte dich einladen, zu sehen, dass du Leben ohne Grenzen bist und nicht irgendwo aufhörst. Lies ihn so langsam, dass du das Gefühl bekommst, die Sätze fielen wie sanfter Regen auf den Boden deines Bewusstseins.

Ich sehe, dass dieser aus den vier Elementen gefügte Körper nicht wirklich ich bin und dass ich nicht auf diesen Körper beschränkt bin. Ich bin der gesamte Fluss des Lebens, der familiären und spirituellen Vorfahren – er fließt schon Jahrtausende und wird Jahrtausende weiterfließen. Ich bin eins mit meinen Vorfahren und Nachkommen. Ich bin Leben, das sich in unzähligen Formen manifestiert. Ich bin eins mit allen Menschen und Lebewesen, seien sie froh und in Frieden oder leidend und verängstigt. In genau diesem Moment bin ich überall in der Welt präsent. Ich war in der Vergangenheit vorhanden und werde es in der

Zukunft sein. Der Zerfall dieses Körpers berührt mich nicht, so wenig wie das Abfallen der Pflaumenblüten das Ende des Pflaumenbaumes bedeutet. Ich bin wie eine Welle auf der Oberfläche des Ozeans. Ich sehe mich in allen anderen Wellen und alle anderen Wellen in mir. Das Entstehen und Verschwinden der Welle gibt oder nimmt dem Ozean nichts. Mein Dharma-Körper und mein spirituelles Leben sind weder Geburt noch Tod unterworfen. Ich sehe, dass ich vor der Manifestation dieses Körpers und nach seinem Verschwinden da bin. Ich sehe meine Präsenz außerhalb dieses Körpers, auch in eben diesem gegenwärtigen Moment. Mein Leben dauert nicht achtzig oder neunzig Jahre. Meine Lebensdauer ist wie die eines Blattes oder eines Buddha unermesslich. Ich kann die Vorstellung hinter mir lassen, ich sei ein Körper in Raum und Zeit, von allen anderen Manifestationen des Lebens in Raum und Zeit getrennt.

Geführte Meditation: Mit dem Kosmos atmen

Einatmend erkenne ich das Element Erde, das Element Luft in mir. Ich sehe Wolken, Schnee, Regen und Flüsse in mir. Ich sehe die Atmosphäre, den Wind und die Wälder in mir, die Berge und Meere. Ich sehe die Erde in mir.

Ausatmend lächle ich der Erde in mir zu. Ich bin eins mit Mutter Erde, dem schönsten Planeten unseres Sonnensystems.

Mutter Erde in mir.
Dem schönsten Planeten unseres Sonnensystems zulächeln.

Einatmend sehe ich das Element Licht in mir. Ich bin aus Licht gemacht, ich bin aus der Sonne gemacht. Ich sehe unseren Stern als unendliche Quelle des Lebens, die uns in jedem Moment nährt. Buddha Shakyamuni war ein Sohn der Sonne und das bin ich auch.

Ausatmend lächle ich der Sonne in mir zu. Ich bin die Sonne, ein Stern, einer der schönsten Sterne in unserer gesamten Galaxie.

Ich bin ein Kind der Sonne.
Ich bin ein Stern.

Einatmend sehe ich alle meine Vorfahren in mir, meine mineralischen und pflanzlichen Vorfahren, meine tierischen und menschlichen Vorfahren. Meine Vorfahren sind immer gegenwärtig, sie leben in jeder Zelle meines Körpers, und ich bin eingebunden in ihre Unsterblichkeit.

Ausatmend lächle ich der Wolke in meinem Tee zu. Eine Wolke stirbt nie. Eine Wolke kann Regen oder Schnee werden, aber niemals nichts. Auch für die Unsterblichkeit der Wolke spiele ich eine Rolle.

Ich bin meine Vorfahren.
Ich habe meinen Anteil an der Unsterblichkeit meiner Vorfahren.

Einatmend sehe ich die Sterne und Galaxien in mir. Ich bin Bewusstsein, das sich als Kosmos manifestiert. Ich bin aus Sternen und Galaxien gemacht.

Ausatmend lächle ich den Sternen in mir zu. Ich spiele meine Rolle für die Unsterblichkeit der Wolken, des Regens, der Sterne und des Kosmos.

Den Sternen und Galaxien in mir zulächeln.
Meinen Part für die Unsterblichkeit der Sterne und des Kosmos spielen.

Einatmend sehe ich, dass nichts erschaffen und nichts zerstört wird, sondern alles sich stetig wandelt. Ich erkenne die Natur von Keine-Geburt und Kein-Tod, von Materie und Energie. Ich sehe, dass Geburt und Tod, Sein und Nichtsein lediglich Vorstellungen sind.

Ausatmend lächle ich meiner wahren Natur von Keine-Geburt und Kein-Tod zu. Ich bin frei von Sein und Nichtsein. Es gibt keinen Tod, es besteht keine Angst. Ich berühre Nirvana, meine wahre Natur von Keine-Geburt und Kein-Tod.

Nichts wird erschaffen,
nichts zerstört. Ich bin frei von Sein und frei von Nichtsein.

– 3 –

Absichtslosigkeit – in Gott ruhen

Du bist bereits, was du werden möchtest.
Du bist ein Wunder, staunenswert.

Einmal wurde der Buddha von einer berittenen Gottheit namens Rohitassa aufgesucht. Rohitassa sah sich als eine Art Held. Er fragte den Buddha: »Glaubst du, verehrter Lehrer, dass man dieser Welt von Geburt und Tod, der Welt der Leiden und der Diskriminierung, durch Schnelligkeit entkommen kann?« Menschen waren anscheinend immer schon gern mit hoher Geschwindigkeit unterwegs, um schnell irgendwo anzukommen. Inzwischen träumen wir von Reisen mit Lichtgeschwindigkeit, die uns vielleicht in andere Dimensionen führen. In der Zeit des Buddha, als es noch keine Flugzeuge und Raketen gab, war das Pferd das schnellste Fortbewegungsmittel.

Der Buddha gab freundlich zurück: »Nein, Rohitassa, es ist nicht möglich, dieser Welt durch Ortsveränderung zu entkommen, wie schnell man dabei auch sei.«

»Wie recht du hast!«, rief Rohitassa. »In einem früheren Leben war ich zu überaus schneller Ortsveränderung in der Lage, schnell wie das Licht. Ich aß nicht, ich trank nicht, ich schlief nicht. Ich tat nichts weiter, als mich mit ungeheurer Schnelligkeit zu bewegen, und doch gelang es mir nicht, dieser Welt zu entkommen, und am Ende starb ich. Ich stimme dir zu, es ist unmöglich.«

Der Buddha fügte hinzu: »Es *gibt* jedoch einen Ausweg, mein Freund. Wende nur den Blick nach innen, schau tief hinein in diesen gerade einmal sechs Fuß messenden Körper, und du wirst dort die Unermesslichkeit des Alls vorfinden, du wirst auf deine wahre Natur jenseits von Geburt und Tod, von Leid und Diskriminierung stoßen. Dafür brauchst du keine äußeren Wege auf dich zu nehmen.«

Viele von uns hasten ihr ganzes Leben. Wir glauben, wir müssten ständig im Laufschritt unterwegs sein – von der Vergangenheit in die Zukunft und immer weg von der Stelle, an der wir sind. In Wirklichkeit sind keine Ortsveränderungen nötig. Es genügt, wenn wir uns hinsetzen, den Blick nach innen richten und erkennen, dass der gesamte Kosmos genau jetzt in uns ist. Unser Körper ist ein Wunder, das alle möglichen Arten von Informationen enthält. Wer sich selbst versteht, hat auch den gesamten Kosmos verstanden.

*Der Ausweg führt
nach innen.*

Solange wir uns für ein von der Welt ringsum getrenntes Selbst halten, denken wir, wir könnten der Welt entkommen. Aber sobald wir erkennen, dass wir die Welt *sind* und gänzlich aus Nicht-Selbst-Elementen bestehen, begreifen wir, dass wir nichts außerhalb unserer selbst nachzulaufen brauchen. Die Welt kann nicht aus der Welt heraustreten. Wir sind bereits all das, wonach wir suchen.

In Gott ruhen

Wie eine Welle nicht nach Wasser suchen muss, brauchen wir uns nicht auf die Suche nach Gott, nach dem Letztendlichen zu machen. Die Welle *ist* das Wasser. Du *bist* bereits, was du werden möchtest. Du bist aus Sonne, Mond und Sternen gemacht, du hast alles in dir.

Im Christentum gibt es den Ausdruck »in Gott ruhen«. Wenn wir von allem Suchen und Streben lassen, ist es, als ruhten wir in Gott. Wir lassen uns fest verankert im gegenwärtigen Augenblick nieder, wir verweilen bei Gott, wir ruhen in unserem kosmischen Körper. Dazu sind keine Überzeugungen und kein Glaube nötig. Eine Welle braucht nicht zu *glauben*, dass sie Wasser ist. Sie ist bereits im Hier und Jetzt das Wasser.

Für mich ist Gott nicht außerhalb von uns oder eine äußere Realität. Gott ist *innen*. Gott ist keine Wesenheit, die es außen zu suchen gilt und an die man glaubt oder nicht glaubt. Gott, Nirvana, das Letztendliche – sie sind uns allen von Natur aus innewohnend. Das Reich

Gottes steht uns in jedem Moment zur Verfügung. Die Frage ist nur, ob *wir* für das Reich Gottes offen sind. Mit Achtsamkeit, Konzentration und Einsicht können wir mit jedem Atemzug und jedem Schritt Nirvana, unseren kosmischen Körper oder das Reich Gottes berühren.

Absichtslosigkeit – das dritte Tor der Befreiung

Mit der Konzentration auf die Absichtslosigkeit kommen wir im gegenwärtigen Augenblick an und sehen, dass wir nur in diesem gegenwärtigen Augenblick all das finden können, was wir suchen – und dass wir *bereits alles sind*, was wir werden möchten.

Absichtslosigkeit – manchmal auch »Ziellosigkeit« genannt – bedeutet nicht, dass wir nichts mehr tun, sondern dass wir kein Ziel mehr vor uns aufstellen, dem wir hinterherrennen und nachjagen. Wenn wir die Objekte unseres Begehrens und Wünschens wegnehmen, entdecken wir, dass Glück und Freiheit uns genau hier im gegenwärtigen Moment zur Verfügung stehen.

Wir haben uns angewöhnt, den Dingen hinterherzurennen, und diese Gewohnheit wurde von unseren Eltern und Vorfahren auf uns übertragen. Wir fühlen uns im Hier und Jetzt nicht erfüllt, und so sind wir ständig hinter allen möglichen Dingen her, von denen wir uns mehr Glück versprechen. Bei der Jagd nach immer mehr Dingen oder nach Erfolg in Beruf und Studium opfern wir unser Leben. Wir setzen unserem Lebenstraum nach, verlieren jedoch uns selbst unterwegs. Sogar bei unseren Bemühungen um Achtsamkeit, Glück, Linderung der Leiden in der Welt und Erleuchtung können wir unsere Freiheit und unser Glück aus den Augen verlieren. Wir ignorieren die Wunder des gegenwärtigen Augenblicks in dem Glauben, der Himmel und das Letztendliche seien erst irgendwann in der Zukunft erreichbar und nicht jetzt.

Meditation zu praktizieren bedeutet, Zeit zu haben, tief zu schauen und diese Zusammenhänge zu sehen. Wenn du im Hier und Jetzt keine Ruhe findest oder dich unbehaglich fühlst, stell dir einmal diese Fragen: »Wonach sehne ich mich?« »Was suche ich?« »Worauf warte ich?«

Die Kunst des Innehaltens

Wir hetzen seit Jahrtausenden, und das macht es so schwierig, einmal anzuhalten und sich rückhaltlos auf das Leben in diesem gegenwärtigen Augenblick einzulassen. Anhalten und innehalten mag einfach klingen, doch tatsächlich muss es trainiert werden.

Einmal saß ich im frühen Licht der Dämmerung in die Betrachtung eines Berges versunken da. Mir war bewusst, dass ich nicht allein diesen Berg betrachtete, sondern alle meine Vorfahren in mir präsent waren und ebenfalls diesen Anblick genossen. Als der Morgen über dem Gipfel dämmerte, bewunderten wir zusammen diese Schönheit. Es gab sonst keine Ziele, es war nichts weiter zu tun. Wir waren frei. Wir brauchten nur dort zu sitzen und dem Sonnenaufgang zuzuschauen. Unsere Vorfahren hatten vielleicht nie Gelegenheit, still und friedlich irgendwo zu sitzen und nur den Sonnenaufgang zu bestaunen. Wenn wir aufhören zu rennen, können alle unsere Vorfahren mit uns innehalten. Die Energie der Achtsamkeit und des Erwachens erlaubt uns, für unsere Vorfahren anzuhalten. Es ist nicht das Innehalten eines separates Selbst, sondern einer ganzen Abstammungslinie.

Sobald wir innehalten,
finden wir Glück, finden wir Frieden.

Im Moment des Innehaltens könnten wir den Eindruck haben, es geschehe gar nichts, doch in Wahrheit geschieht alles. Du bist fest im gegenwärtigen Augenblick verankert und du berührst deinen kosmischen Körper. Du berührst die Ewigkeit. Die Ruhelosigkeit und das Suchen sind nicht mehr da.

In Plum Village und unseren übrigen Praxiszentren in den USA, Deutschland und Asien üben wir das Innehalten jedes Mal, wenn wir den Klang einer Glocke hören. Es kann die große Tempelglocke, die Uhr im Speisesaal, der Glockenklang von einer der umliegenden Dorfkirchen oder auch einfach ein Telefon sein – sobald wir eine Glocke hören, halten wir einen Moment inne, um nur zu atmen und uns zu entspannen. Wir kommen zu uns selbst und zum gegenwärtigen

Augenblick zurück. Wenn wir gerade geredet haben, schweigen wir jetzt; wenn wir gingen, bleiben wir stehen; wenn wir etwas getragen haben, setzen wir es ab. Wir wenden uns dem Atem zu und kehren in unseren Körper im Hier und Jetzt zurück. Wir lassen los und erfreuen uns nur am Glockenklang.

Dabei entsteht eine tiefe Beziehung zum gegenwärtigen Augenblick mit seiner zeitlosen Zeit und seinem grenzenlosen Raum. Vergangenheit und Zukunft sind genau hier im gegenwärtigen Moment. Gott, Nirvana, der kosmische Körper sind verfügbar. Der Augenblick wird ein ewiger, erfüllter Augenblick.

Wo ist dein Vater, deine Mutter, dein Großvater, deine Großmutter? Genau hier in diesem gegenwärtigen Moment. Wo sind deine Kinder und Enkel und künftige Generationen? Wo ist Jesus Christus, wo der Buddha? Wo sind Liebe und Mitgefühl? Sie sind hier. Sie sind keine von unserem Bewusstsein, unserem Sein, unserem Leben unabhängigen Realitäten. Sie sind nicht Gegenstand von Hoffnungen oder nach außen gerichteten Bestrebungen. Und wo ist der Himmel, das Reich Gottes? Ebenfalls direkt hier. Was auch immer wir suchen oder erfahren möchten, es kann sich nur im gegenwärtigen Augenblick erfüllen. Die Zukunft ist lediglich eine Vorstellung, ein abstrakter Begriff.

Nur der gegenwärtige Augenblick ist real.

Solange wir an einem Zukunftstraum festhalten, entgeht uns der gegenwärtige Augenblick. Und wenn wir die Gegenwart verlieren, verlieren wir alles. Wir verlieren Freiheit, Frieden, Freude und die Chance, das Reich Gottes beziehungsweise Nirvana zu berühren.

In einem Gleichnis des Matthäusevangeliums ist von einem Mann die Rede, der einen Schatz fand und seine gesamte Habe verkaufte, um diesen Acker erwerben zu können. Der Schatz ist das Reich Gottes, das nur im gegenwärtigen Augenblick zu finden ist. Du benötigst nur einen einzigen Augenblick des Erwachens, um zu realisieren, dass das, was du suchst, bereits hier ist, in dir und ringsum. Sobald uns das wie diesem biblischen Mann aufgeht, verzichten wir mühelos auf alles Übrige, um wahren Frieden, Glück und Freiheit im gegenwärtigen Augenblick zu berühren. Es lohnt sich wirklich. Lassen wir uns diesen Moment nicht entgehen, sonst entgeht uns auch die einzige Chance, dem Leben zu begegnen.

Die Zypresse im Hof

Eine Zen-Geschichte erzählt von einem Schüler, der fand, er habe noch nicht die tiefste Essenz der Lehre seines Meisters empfangen. Deshalb ging er zu ihm und wollte ihn darüber befragen. Der Meister fragte seinerseits: »Hast du auf dem Weg hierher die Zypresse im Hof gesehen?« Vielleicht war dieser Schüler noch nicht sehr achtsam. Der Meister sagte, dass wenn wir auf dem

Weg zu unserem Lehrer an einer Zypresse oder einem wunderschönen blühenden Pflaumenbaum vorbeikommen, aber nichts davon wahrnehmen, werden wir auch den Meister nicht sehen, wenn wir schließlich bei ihm sind. Wir sollten keine Gelegenheit auslassen, um unsere Zypresse wirklich zu sehen. Jeden Tag kommen wir an den Wundern des Lebens vorbei und doch haben wir sie nicht wahrhaftig gesehen. Was ist die »Zypresse« auf deinem täglichen Weg zur Arbeit? Wenn du nicht einmal den Baum siehst, wie kannst du dann deine Liebsten sehen? Wie kannst du Gott sehen?

Jeder Baum, jede Blume gehört zum Reich Gottes. Wenn die Dahlienblüte nicht im Reich Gottes ist, wo dann? Wenn wir uns eine Beziehung zu Gott wünschen, wenn wir Gott verstehen möchten, ist alles, was wir tun müssen, die Zypresse auf unserem Weg wahrzunehmen.

Achtsamkeit hilft uns, im gegenwärtigen Augenblick anzukommen, um die Wunder des Lebens zu sehen und zu hören – Gott zu sehen und zu hören.

Wenn es eine spirituelle Krise im 21. Jahrhundert gibt, dann die, dass wir Gott nicht an die richtige Stelle setzen, nämlich in uns und in die uns umgebende Welt. Kannst du Gott aus dem Kosmos herausnehmen? Kannst du den Kosmos aus Gott herausnehmen?

Wir sind selbst ein Wunder und von Wundern umgeben. Wir haben Gott, wir haben den kosmischen

Körper, wir haben alles in genau diesem Augenblick. Mit dieser Einsicht, mit dieser Art Erleuchtung, fühlen wir uns bereits glücklich, zufrieden und erfüllt.

Himmel auf Erden

Viele von uns wünschen sich sehnlich, nach dem Tod in den Himmel zu kommen oder, wenn wir uns als Buddhisten sehen, ins »Reine Land«. Wir sehen das Leben als irgendwie unzureichend und unbefriedigend, wir glauben, dass wir erst sterben müssen, um die schönste und beste Daseinsform zu berühren. Wir meinen, das Letztendliche, Gott können wir nur ohne diesen Körper berühren. Irgendwo, später, muss es doch etwas Schöneres, Besseres, Vollkommeneres geben.

Aber wenn wir den Tod abwarten, um Glück zu finden, dürfte es zu spät sein. Wir können alle Wunder des Lebens und das Letztendliche selbst genau hier und jetzt mit unserem menschlichen Körper berühren. Auch dein Körper ist ein Wunder, eine Blume im Garten der Menschheit, die du mit höchstem Respekt behandeln solltest, weil sie zum Reich Gottes gehört. Du kannst das Reich Gottes mit diesem Körper berühren. Ein achtsamer Atemzug genügt, um plötzlich den blauen Himmel, die frische, kühle Luft, den Wind in den Kiefern und die Musik eines plätschernden Bachs zu bemerken. Wir brauchen nicht erst zu sterben, um in den Himmel zu kommen, wir sind bereits im Reich Gottes.

Sei schön, sei du selbst

Wir mögen die Wunder ringsum wahrnehmen, aber meist zweifeln wir daran, dass wir selbst eines dieser Wunder sind. Wir fühlen uns unzureichend, wir sehnen uns nach etwas anderem oder nach mehr. Wir fühlen uns wie ein Topf, der seinen Deckel sucht. Wir haben kein Vertrauen in uns und in unsere Kapazität, friedlich, mitfühlend und erwacht zu sein. Wir fühlen uns überwältigt von den Schwierigkeiten des Lebens. Und so leben wir unseren Alltag in dem ständigen Gefühl, dass etwas fehlt. Da müssen wir uns fragen: »Was fehlt mir? Was suche ich?«

Darin besteht die Praxis der Absichtslosigkeit: festzustellen, was wir suchen, worauf wir warten, worauf wir aus sind, um es dann loszulassen. Indem wir die gesuchten Dinge entfernen, die uns vom Hier und Jetzt wegzerren, finden wir heraus, dass alles, was wir uns wünschen, im gegenwärtigen Augenblick bereits vorhanden ist. Du kannst jetzt glücklich sein, ohne erst »jemand« zu werden oder irgendetwas zu tun. Was würde eine Blume, die auf einer Bergwiese blüht, oder ein mächtiger Baum im Wald auf die Frage »Was suchst du?« sagen? Mit ein wenig Achtsamkeit und Konzentration kannst du die Antwort in dir selbst hören.

Jeder von uns sollte sein wahres Selbst sein: frisch, fest, voller Leichtigkeit, mitfühlend und liebevoll. Wenn wir unser wahres Selbst sind, ist das nicht nur zu unserem eigenen Nutzen, sondern alle in unserer Umgebung profitieren von unserer Präsenz.

Du bist genug

Lin-Chi, ein berühmter chinesischer Zen-Meister des 9. Jahrhunderts, sagte: »Menschen und Buddhas sind nicht zwei.« Und: »Es gibt keinen Unterschied zwischen dir und dem Buddha.« Er meinte, dass du bereits gut genug bist. Wir brauchen nichts Besonderes zu unternehmen, um ein Buddha zu sein und unseren Buddha-Körper zu kultivieren. Dazu gehört nichts weiter als ein einfaches, authentisches Leben. Unser wahres Selbst braucht keine bestimmte Stellung, keinen bestimmten Posten. Es braucht weder Geld noch Ruhm noch Status. Es muss gar nichts tun. Wir leben einfach unser Leben tief im gegenwärtigen Augenblick. Wenn wir essen, essen wir nur. Wenn wir das Geschirr spülen, tun wir nur das. Wenn wir das Bad benutzen, freuen wir uns daran, das Bad zu benutzen. Beim Gehen gehen wir einfach, beim Sitzen sitzen wir. Es ist ein Wunder, dass wir all das tun können, und die Lebenskunst besteht darin, diese Dinge in Freiheit zu tun.

Freiheit ist eine Übung und eine Gewohnheit. Wir trainieren, als freier Mensch zu gehen, als freier Mensch zu sitzen und als freier Mensch zu essen. Wir trainieren die Art und Weise, wie wir leben.

Auch Buddha aß, ging und musste zur Toilette. Er tat das aber in Freiheit, ohne von hier nach da zu hetzen. Können wir so leben? Können wir unsere Zeit so nutzen, dass wir uns selbst treu bleiben? Solange wir immer noch etwas suchen oder verfolgen oder mehr wollen, praktizieren wir noch nicht Ziellosigkeit und Wunschlosigkeit. Wir sind noch nicht frei und nicht unser wahres Selbst. Unser wahres Selbst ist ja schon in uns vorhanden und sobald wir dies sehen, werden wir ein freier Mensch. Eigentlich sind wir schon seit anfangsloser Zeit frei. Wir müssen nur fähig sein, dies zu erkennen.

Einmal hatte ich Gelegenheit, die buddhistischen Höhlen von Ajanta im nordindischen Staat Maharashtra zu besuchen. Sie sind vollständig aus dem Fels gehauen worden. Es gibt Wohnräume und Höhlungen zum Abstellen der Almosenschalen und Ablegen der Roben der Mönche. Am Tag, als ich dort war, brannte die Sonne sehr heiß und ich genoss die frische Kühle der Höhle.

Nichts musste dort hingebracht werden, um diese Höhlen fertigzustellen. Je mehr Gestein man wegschlug, desto größer wurden sie. Mit dem Zugang zu unserem wahren Selbst, unserer wahren Natur, verhält es sich ganz ähnlich. Alles, was wir außen zu finden hoffen, ist bereits in uns. Liebevolle Güte, Verstehen und Mitgefühl sind in uns, wir brauchen nur etwas Gestein, das den Weg versperrt, abzutragen, damit sie sichtbar werden. Es gibt keine Essenz der Heiligkeit, die wir im Außen suchen müssten. Und es gibt keine Essenz des Gewöhnlichen, die es auszuräumen gälte. Wir sind bereits alles, was wir werden möchten. Auch in den dunkelsten Zeiten ist alles Gute, Schöne und Wahre bereits da, in uns und um uns. Wir müssen nur auf so eine Weise leben, dass es sichtbar werden kann.

Ungeschäftig sein

Meister Lin-Chi ermahnte seine Schüler, »businessless« – »ungeschäftig« zu sein. Das bedeutet, dass wir nicht ständig etwas zu tun haben, dass wir frei sind von der Geschäftigkeit. Wenn wir »ungeschäftig« sein können, können wir den Geist der Wunschlosigkeit und Absichtslosigkeit in unserem täglichen Leben berühren, wir lassen uns nicht von unseren Wünschen, Plänen und Projekten fortreißen. Wir tun nicht bestimmte Dinge, um Lob oder Status zu erhalten, wir versuchen nicht, eine wichtige Rolle zu spielen. So sind wir überall und in allem Souveräne unserer selbst. Was in unserer Umgebung geschieht, reißt uns nicht mehr mit. Wir schwimmen nicht mehr mit dem Strom, wir schwanken nicht mit der Menge.

Alles, was wir tun, können wir in Freiheit und Leichtigkeit tun.

Das wahre Leben bestand für Meister Lin-Chi nicht darin, ein erleuchteter Arhat zu sein oder ein Bodhisattva, der sein Leben dem Dienst an allen anderen Lebewesen widmet. Das wahre Leben war für ihn das eines nicht geschäftigen Menschen. Ein ungeschäftiger Mensch hat Leerheit, Zeichenlosigkeit und Absichtslosigkeit realisiert, er hängt nicht an der Vorstellung eines Selbst, er hat keine Sehnsucht nach den »Zeichen« von Ruhm oder Status, er weilt frei und glücklich im gegenwärtigen Augenblick.

Im ungeschäftigen Leben sind wir mit der Dimension des Letztendlichen in Berührung, und da gibt es nichts zu tun. Wir sind bereits das, was wir werden möchten. Wir sind entspannt, wir sind in Frieden, es gibt keinen Grund mehr für Eile. Wir sind glücklich, frei von Sorgen und Ängsten. Das ist die Art des Seins, die unsere Welt am dringendsten braucht. Es ist herrlich, in der letztendlichen Dimension zu verweilen, in Gott zu ruhen, und wir alle sollten lernen, wie man das macht.

Da stellt sich natürlich die Frage: »Wenn wir einfach glücklich im Augenblick weilen und nirgendwohin müssen und nichts zu tun haben, wer verhilft dann den Lebewesen zur Befreiung? Wer rettet die im Meer des Leidens Ertrinkenden? Macht Absichtslosigkeit uns nicht gleichgültig gegenüber dem Leiden in der Welt? Wenn es uns nur darum geht, frei und glücklich zu sein, lähmt uns das nicht, drücken wir uns dann nicht vor der Herausforderung und den Schwierigkeiten, anderen zu helfen?«

Der Buddha suchte und ersehnte nichts mehr, er strebte nicht mehr, und doch hörte er nie auf, zu helfen, alle Wesen zu befreien. In den fünfundvierzig Jahren seines Lehrens und Wirkens und bis zu seinem letzten Atemzug war ihm nichts so wichtig, als die Menschen von ihrem Leiden zu befreien. Absichtslos sein heißt nicht, dass wir nicht mehr von liebevoller Güte und Mitgefühl geleitet sind. Solange wir Mitgefühl, liebevolle Güte und Verstehen haben, besteht auch der starke Antrieb, zu handeln und zu helfen.

Es ist essenziell, dass wir eine neue Qualität des Seins zur Situation des Leidens in der Welt mitbringen. Denn wenn wir selbst leiden wie alle anderen, wie können wir dann anderen zur Linderung ihres Leidens verhelfen? Wenn Ärzte die gleiche Krankheit haben wie ihre Patienten, wie können sie ihnen dann helfen, zu heilen? Deshalb ist unsere Energie des Friedens, der Freude, des Mitgefühls und der Freiheit essenziell. Wir müssen unsere Art des Seins bewahren und schützen. Alles, was wir tun, muss eine spirituelle Dimension haben.

Wenn unsere Arbeit und unser Leben eine spirituelle Dimension haben, sind wir fähig, uns gut und nachhaltig um uns selbst zu kümmern und wir können vermeiden, einen Burn-out zu bekommen.

In den Sechzigerjahren schrieb ich das Buch *Das Wunder der Achtsamkeit* als eine Art Leitfaden für die vielen jungen Sozialarbeiter, die in unserer »Schule der Jugend für soziale Dienste« (SYSS) in Vietnam ausgebildet wurden. Es ging um die Unterstützung ihrer Praxis, damit sie gesund, fokussiert und mitfühlend bleiben konnten und es ihnen nie an Frieden und Freude für die Fortsetzung ihrer Arbeit fehlte.

Es ist durchaus möglich, sich als freier Mensch zu engagieren, zu arbeiten und zu dienen, ohne von der Arbeit gänzlich vereinnahmt zu werden. Wir verpassen nicht den gegenwärtigen Augenblick, indem wir uns abmühen, ein zukünftiges Ziel erreichen, wir leben jeden Augenblick unserer Arbeit voll und ganz. Das ist mit Absichtslosigkeit gemeint. Wir strahlen Frieden, Freiheit, Mitgefühl und liebevolle Güte aus, und schon dadurch wird das Leiden der Menschen in unserer Umgebung ein wenig geringer. Wir sind nicht passiv. Passiv zu sein würde ja bedeuten, dass wir uns von den Umständen und Menschen ringsum herumschubsen und wegschwemmen lassen. Aber wir sind frei, wir sind souverän, und deshalb werden wir nie ein Opfer der Umstände. Mit Mitgefühl und Einsicht stellen wir uns von Situation zu Situation immer die Frage: »Was kann ich tun, damit die Dinge nicht noch schlimmer werden? Wie kann ich helfen, die Situation zu verbessern?« In dem Wissen, dass wir immer unser Bestes geben, auf diesem Weg das Leiden zu verringern, ist es möglich, dass wir bei jedem Schritt auf dem Weg in Frieden sind.

Sein und Tun

Mein Name, Nhat Hanh, bedeutet »*eine Handlung*«. Lange Zeit habe ich mich immer gefragt, was wohl diese Handlung sein mag. Bis ich entdeckte, dass meine Handlung ist, Frieden zu *sein* und anderen Frieden zu bringen.

Unsere Gedanken drehen sich tendenziell eher ums Tun als ums Sein. Sind wir untätig, haben wir das Gefühl, Zeit zu vergeuden. Doch das ist nicht wahr. Unsere Zeit sollte zuerst dem *Sein* gewidmet sein. Und was sollen wir sein? Lebendig sollten wir sein, friedvoll, froh und liebevoll. Das ist, was die Welt am meisten braucht. Um die Qualität des Seins sollten wir uns bemühen, das ist die beste Grundlage für unser Tun.

Die Qualität unseres Seins
bestimmt die Qualität unseres Tuns.

»Sitzt nicht einfach da, tut was!« Das haben wir wohl alle schon gehört, und es hat ja auch etwas für sich. Wenn wir Ungerechtigkeit, Gewalt und Leid in der Welt sehen, ist es ganz natürlich, dass wir helfen möchten. In den Fünfziger- und Sechzigerjahren in Vietnam haben meine Freunde, Schülerinnen und Schüler und ich als junger Mönch keine Mühe gescheut, um eine Art Graswurzel-Buddhismus zu entwickeln, der sich der enormen Probleme und Leiden jener Zeit zuwenden konnte. Wir wussten, mit Rezitationen und Gebeten allein würden wir nichts gegen die verzweifelte Lage ausrichten können – die Konflikte, die Teilung des Landes, den Krieg.

Wir gründeten eine wöchentlich und landesweit erscheinende buddhistische Zeitschrift und die Schule der Jugend für soziale Dienste, um den vom Krieg zerstörten Dörfern etwas an Unterstützung anbieten zu können. Außerdem gründeten wir in Saigon die buddhistische Van Hanh Universität, in der es um modernere pädagogische Ansätze ging. Überall zeigte sich bei dieser Arbeit, dass die Qualität unseres Tuns von der Art unseres Seins bestimmt wird. Deshalb sorgten wir dafür, dass jede Woche ein ganzer Tag für die Achtsamkeitspraxis im nahe gelegenen Bambuswald-Kloster reserviert blieb. Hier übten wir Sitz- und Gehmeditation sowie das achtsame gemeinschaftliche Essen und wir nahmen uns die Zeit, in der jeder von seinen Schwierigkeiten und Freuden berichten konnte und alle anderen aufmerksam zuhörten. Mit der Energie der Brüderlichkeit und Schwesterlichkeit schufen wir einen wunderbaren, fröhlichen Rückzugsort.

Es gilt also auch umgekehrt: »Tut nicht bloß was, sitzt auch mal da.« Anhalten, still werden und Achtsamkeit üben, das kann dem Leben eine ganz neue Dimension von Sein geben. Wir können unseren Ärger und unsere Angst transformieren und unsere Energie des Friedens, des Verstehens und des Mitgefühls kultivieren und sie zunehmend zur Basis unseres Handelns machen. Die Kennzeichen erwachter Menschen sind Weisheit, Mitgefühl, Inklusivität, Furchtlosigkeit, Geduld und Unvoreingenommenheit – das heißt, niemals auf jemanden herabzublicken. Indem wir diese Energien kultivieren, führen wie die Dimension des Letztendlichen in die historische Realität ein, sodass wir ein engagiertes Leben mit Leichtigkeit und Freude, frei von Angst, Stress und Verzweiflung leben können. Unser Handeln erwächst aus Frieden und Freude und kann gerade deshalb sehr engagiert sein. Diese Art des Handelns ist das, was wir am meisten brauchen. Wenn wir so handeln, können wir wirklich eine große Hilfe für uns und die Welt sein.

Die Handlung des Nicht-Handelns

Manchmal kann man nichts Besseres tun, als nichts zu tun. Es gibt Menschen, die anscheinend nicht viel tun, deren Vorhandensein jedoch sehr wichtig für das Wohlergehen der Welt ist. Vielleicht hast du in deiner Familie jemanden, der nicht viel Geld verdient und den man als nicht sehr aktiv bezeichnen könnte, aber solche Menschen sind oft wichtig für das Glück und den Zusammenhalt der Familie, weil sie die Qualität ihres Seins, ihres Nicht-Handelns, einbringen.

Denken wir noch einmal an das Flüchtlingsboot auf hoher See. Ein Sturm zieht auf und alle geraten in Panik, und in der Panik passiert es leicht, dass die Leute sich unklug verhalten und das Boot kentert. Wenn jedoch auch nur eine einzige Person die Nerven behält und ruhig bleibt, kann dieser eine erreichen, dass sich auch die anderen besonnen verhalten und das Boot gerettet wird. Da dieser eine selbst in Frieden ist, wird er gehört, wenn er die anderen auffordert, auf ihren Plätzen zu bleiben, damit das Boot gleichmäßig belastet ist. Eigentlich tut dieser Mensch ja nichts, außer seine Ruhe zur Geltung zu bringen, die Qualität seines Seins. Das ist die Handlung des Nicht-Handelns.

In dieser Gesellschaft geht es immer um die Lösung unserer vielen Probleme, aber oft sieht es doch so aus, dass alles nur schlimmer wird, je mehr wir unternehmen. Deshalb müssen wir uns ansehen, woher unser Handeln kommt, welcher Qualität von Sein es entspringt.

In Plum Village veranstalten wir Retreats für Palästinenser und Israelis. Daheim ist das tägliche Leben für viele ein Kampf ums Überleben. Es ist immer irgendetwas zu tun, kein Augenblick Zeit zum Innehalten. In Plum Village dagegen haben sie ein friedliches Umfeld und können einmal innehalten, zur Ruhe kommen, still dasitzen und wieder bei sich selbst ankommen. Sie sitzen mit uns, gehen mit uns, essen mit uns. Sie üben Tiefenentspannung. Niemand hat irgendetwas Bestimmtes zu tun, und das allein ist eine Revolution. Schon nach ein paar Tagen fühlen sie sich deutlich besser. Raum entsteht in ihnen, sodass sie einfach dasitzen und mitfühlend zuhören können, wenn die jeweils andere Seite von ihren Leiden erzählt. Von vielen jungen Teilnehmern hören wir, es sei das erste Mal gewesen, dass sie Frieden im Nahen Osten für möglich gehalten hätten.

Bei Friedens- und Umweltkonferenzen ließe sich das auch so einrichten. Die Führungspersönlichkeiten der Welt würden dann nicht einfach um einen Tisch sitzen und Sachthemen besprechen, um zu Entscheidungen zu finden, sondern sie würden auch Gelegenheit haben, Zeit als Freunde miteinander zu verbringen und eine menschliche Beziehung aufzubauen. Wenn wir uns über unser Leid und unsere Schwierigkeiten tief zuhören und unsere Einsichten und Ideen in liebevoller Rede vorbringen können, dann werden unsere

Verhandlungen erfolgreich sein. Wo echtes Verstehen herrscht, können sich Angst und Ärger lösen.

Kommunikation wiederherstellen, das ist die Grundvoraussetzung für Frieden.

Eine solche Konferenz braucht ein wenig Organisation, damit die Teilnehmer Zeit für ein friedliches Miteinander finden und schließlich zu der Einsicht kommen, die unsere Welt braucht. Es genügt nicht, uns für die Zukunft Frieden nur zu erhoffen. Frieden ist etwas, das wir jeden Augenblick *sein* können. Wer Frieden möchte, muss Frieden sein. Frieden ist eine Praxis und nicht Hoffnung. Man wird einwenden, dass unsere Staatslenker nicht die Zeit haben, ein oder zwei Wochen in dieser Art miteinander zu verbringen, aber Krieg und Gewalt kosten so unendlich viele Menschenleben und dazu auch noch eine Menge Geld. Unsere führenden Politiker brauchen die Hilfe von spirituellen Lehrern, um diese globalen Probleme anzugehen. Sie müssen Hand in Hand zusammenarbeiten: Echte Friedensarbeit braucht eine spirituelle Dimension, die Praxis des Friedens.

Welchen Traum hast du?

In den Niederlanden wurde ich einmal von einer Journalistin gefragt: »Gibt es etwas, das Sie noch tun möchten, bevor Sie sterben?« Da sie von den Lehren nicht viel wusste, fiel mir nichts ein, was ich ihr hätte sagen können, also sah ich sie einfach an und lächelte.

Tatsächlich gibt es nichts, was ich noch zu tun hätte, bevor ich sterbe, denn aus meiner Sicht werde ich niemals sterben. Und was ich gern tun möchte, tue ich schon lange. Aber wie dem auch sei, in der Dimension des Letztendlichen ist nichts mehr zu tun. Als dreißigjähriger Mönch habe ich während des Krieges in Vietnam ein Gedicht geschrieben, in dem es unter anderem heißt: »Ihr Lieben, die Arbeit des Wiederaufbaus mag tausend Leben dauern, aber diese Arbeit wurde auch bereits vor tausend Leben vollendet.« In der Dimension des Letztendlichen gibt es nichts, was wir zu tun hätten. Absichtslosigkeit zu praktizieren bedeutet nicht, dass wir keine Träume und Ziele mehr hätten, sondern dass wir Moment für Moment mit der Dimension des Letztendlichen verbunden bleiben, um unverkrampft, froh und frei unsere Träume zu verwirklichen.

In jedem von uns gibt es das tiefe Verlangen, etwas in unserem Leben zu verwirklichen. Auch wenn es dir vielleicht nicht bewusst ist, tief im Herzen gibt es etwas, das du schon immer gern erreichen wolltest. Das ist kein vorübergehender Wunsch, sondern eine tiefe Intention, die möglicherweise schon seit der frühen Kindheit in deinem Herzen gewachsen ist. Das ist dein allerliebster Traum, es ist das, was dir wichtiger ist als alles andere. Wer seinen tiefsten Wunsch kennt und hegt, findet darin nicht nur Glück, sondern auch Energie und Motivation. Er gibt dir Richtung und Antrieb und bietet dir in schwierigen Zeiten Rückhalt.

Aus unserem Traum fließt uns Vitalität zu.
Er gibt unserem Leben Sinn.

Jeder hat einen Traum. Wenn du wissen willst, worin er besteht, musst du still werden, nach innen blicken und auf dein Herz lauschen. Hättest du gern viel Geld, Macht, Ruhm, Sex – oder ist es doch etwas anderes? Was möchtest du wirklich mit deinem Leben anfangen? Stell dir diese Fragen nicht erst, wenn du alt bist. Wenn du deine tiefste Intention und deinen tiefsten Wunsch kennst, hast du die Chance, deiner wahren Natur gemäß und in der Art und Weise zu leben, wie du leben möchtest und die Person zu sein, die du sein möchtest.

Gemeinsame Träume

Wenn du eine Beziehung eingehst, solltest du auch die tiefsten Träume des anderen kennen. Frag den anderen, was er aus seinem Leben machen möchte. Du solltest das herausfinden, bevor du heiratest, nicht hinterher. Wenn du mit jemandem lebst, der unterschiedliche Ideale hat, wird es keine Beziehung werden, in der man sich wirklich tief aufeinander einlassen kann. Du solltest dir also die Zeit nehmen, mit deinem Partner zusammenzusitzen, um diese Fragen zu erörtern. Gerade wenn man sich liebt, wird es sehr wichtig, einander auch zu verstehen. Es ist sehr schade, gar tragisch, wenn man sich zwar das Bett teilt, nicht aber die Träume. Wenn man sich mit dem Partner über die Träume austauscht, werden die Kommunikation und die Verbindung tiefer, sodass man schließlich zusammen in die gleiche Richtung weitergehen kann.

Du kannst auch deine Eltern nach deren Träumen fragen. »Was für Träume habt ihr in der Jugend gehabt? Konntet ihr sie verwirklichen?« Wenn du solche Fragen stellst, wird deine Beziehung zu deinen Eltern wirklich und tief gehend. Du erfährst mehr darüber, wer deine Eltern wirklich sind. Deine Eltern werden ihre Herzen dann mehr öffnen können, und du wirst dich ihnen näher fühlen als zuvor. Und wenn deine Eltern ihren Traum nicht verwirklichen konnten, vielleicht gelingt es dir dann stellvertretend für sie, denn du bist ihre Fortführung.

Indem wir unseren eigenen Körper, unsere Gefühle und Schmerzen anschauen, können wir die Hoffnungen, Träume und Leiden unserer Eltern erkennen. Sollten deine Eltern nicht mehr leben, kannst du trotzdem tief in diese Fragen schauen und Antworten hören. Denn du bist die Fortführung deiner Eltern, die in jeder Zelle deines Körpers weiterleben.

Das Gleiche gilt für deine spirituellen Vorfahren, denen du vielleicht nie begegnet bist. Wenn du ihre Lehren verinnerlicht hast und praktizierst, sind auch sie in dir lebendig. Deine Lehrer sind in jedem deiner achtsamen Schritte gegenwärtig, in deiner Art, das Brot zu brechen.

Hingebung

Einmal wurde ich gefragt, was es aus meiner Sicht bedeutet, sich Gottes Willen hinzugeben. Für mich ist es Gottes Wille, dass wir unsere besten und schönsten Seiten und Potenziale leben, die in uns angelegt sind. Wir sollen lebendig und für die Wunder des Lebens empfänglich sein und nach Kräften auch anderen dazu verhelfen. Das ist der Wille Gottes. Es ist auch der Wille der Natur. Mutter Erde ist jederzeit so schön und frisch und zugleich so akzeptierend und verzeihend, wie sie nur kann. Mutter Erde lebt nach Gottes Willen, und als Kinder der Erde können wir von ihr lernen, geduldig und tolerant zu sein. Auch wir können so leben, dass wir unsere Frische, Schönheit und unser Mitgefühl kultivieren und bewahren.

Wir geben uns dem Willen Gottes hin, wenn wir die gute Absicht haben, unser Glück zu kultivieren, unsere Leiden zu überwinden und anderen ebenfalls dazu zu verhelfen; wenn wir uns vornehmen, ganz präsent zu sein, das uns gegebene Leben ganz zu leben und anderen ebenfalls dazu zu verhelfen. Das ist keine passive Hingebung, sondern dieses friedliche, glückliche und mitfühlende Leben strotzt nur so von Vitalität. Und schließlich ist es auch nicht allein der Wille Gottes, sondern genauso unser eigener. Folglich sind derjenige, der sich hingibt, und der, dem er sich hingibt, nicht zweierlei. Das Letztendliche ist genau hier in uns.

Dein Traum ist Jetzt

Im Allgemeinen gehen wir davon aus, dass ein bestimmter Weg zur Verwirklichung unseres Traums führt und bestimmte Mittel einzusetzen sind – und erst am Ende dieses Wegs geht der Traum in Erfüllung. Im Buddhismus heißt es aber, dass man einen Traum, eine Intention, ein Ideal von Anfang an *leben* muss. Dann kann dein Traum gleich hier und jetzt Wirklichkeit werden. Du lebst so, dass jeder Schritt in die richtige Richtung und jeder Atemzug auf dem Weg die Verwirklichung deines Traums wird. Dein Traum entfernt dich nicht vom gegenwärtigen Augenblick – nein, im Gegenteil: Er wird im gegenwärtigen Moment Wirklichkeit.

Lebe jeden Augenblick als einen Schritt der Verwirklichung deiner Träume, es gibt keinen Unterschied zwischen Mittel und Ziel.

Nehmen wir an, du träumst von Befreiung, Erleuchtung und Glück. Dann sollte im Alltag alles, was du denkst, sagst und tust, auf die Verwirklichung von Befreiung, Erleuchtung und Glück hin ausgerichtet sein. Du wartest nicht, bis du am Ende deines Weges ankommst, um diese Dinge zu haben. Sobald du einen Schritt in Richtung Befreiung tust, ist Befreiung bereits gegeben. Befreiung, Erleuchtung und Glück sind bei jedem Schritt auf dem Weg möglich. Es gibt keinen Weg zum Glück, Glück *ist* der Weg.

Jeder Schritt ist das Ziel

Vor einigen Jahren habe ich mit einigen meiner monastischen Schülerinnen und Schülern und Freunden den Berg Wutai Shan in Nordchina besucht. Er ist ein Anziehungspunkt für Pilger und Touristen; es heißt, Manjushri, der Bodhisattwa der großen Weisheit, residiere hier. Über tausend Stufen führen den Berg hinauf, aber unser Ziel war nicht der Gipfel; uns ging es um Frieden und Freude bei jedem Schritt.

Ich erinnere mich noch sehr gut an das Gehen: einatmen bei einer Stufe, ausatmen bei der nächsten. Viele Leute überholten uns schnaufend und drehten sich dann um, weil sie sehen wollten, wer da so langsam ging. Wir kosteten jeden einzelnen Schritt aus, und manchmal machten wir Halt, um den Ausblick zu genießen. Oben angekommen, waren wir kein bisschen ermüdet, sondern erfrischt, genährt und energiegeladen.

Die Fähigkeit zu gehen und zu laufen diente dem Menschen der Frühzeit für die Jagd oder zur Flucht. Diese Energie des Jagens und Rennens ist in jeder Einzelnen unserer Zellen tief eingepflanzt. Aber heute kommen wir kaum noch in die Lage, physisch jagen, kämpfen oder fliehen zu müssen und dennoch laufen wir immer noch mit dieser Energie herum. Wir haben uns vom *Homo erectus* zum *Homo sapiens* entwickelt, und jetzt haben wir die Chance, den nächsten Evolutionsschritt zu einer erwachten, achtsamen Spezies tun, dem *Homo conscius*. Diese neue Menschheit wird lernen, in Freiheit zu gehen. In Frieden und Freiheit zu gehen ist ein wunderbares Mittel, um die Dimension des Letztendlichen in die historische Dimension zu bringen. Wir trainieren, nicht mehr zu rennen und zu hetzen.

Übung: Die Kunst des Gehens

Die Praxis des achtsamen Gehens eignet sich für alle Fußwege, auf der Straße ebenso wie im Park, für den Weg zur Arbeit ebenso wie beim Einkaufen, am Flughafen oder am Flussufer. Niemand braucht zu wissen, dass du Gehmeditation praktizierst. Du gehst natürlich und entspannt. Ich empfehle dir, einen kurzen Weg auszuwählen, den du jeden Tag zurücklegst, etwa vom Parkplatz zum Büro oder von der Haustür zur Bus-, Straßenbahn- oder U-Bahn-Haltestelle. Es braucht nicht lange, um die Kunst der Gehmeditation zu meistern. Wir können gleich spüren, wie gut es tut, so zu gehen. Schon ein einziger Schritt reicht aus, um Frieden und Freiheit zu berühren.

Die Gehmeditation wird mit der Übung des achtsamen Atmens verbunden, das heißt, du koordinierst deine Schritte mit den Atemzügen. Entspanne dich körperlich, lass alles Nachdenken über Vergangenes und Zukünftiges los und bringe deinen Geist zurück in den gegenwärtigen Augenblick. Fühle den Kontakt deiner Füße mit dem Boden. Achte auf die Anzahl deiner Schritte beim Einatmen und dann wieder beim Ausatmen. Erlaube deinem Atem, ganz natürlich zu fließen und achte lediglich darauf, wie viele Schritte du machst, während du ein- und ausatmest. Nach einiger Zeit wird sich ein Rhythmus einstellen, eine Abstimmung zwischen deinen Atemzügen und den Schritten. Es ist wie Musik.

Vollkommene Sammlung auf den Atem befreit uns. Binnen weniger Sekunden werden wir ein freier Mensch und in der Lage sein, die Gewohnheiten unserer Vorfahren zu verwandeln.

Wenn du achtsam gehst, dann gehst du zusammen mit deinem Geist und deinem Körper. Sei wirklich da, ganz und gar bei jedem Schritt. »Ich bin hier. Ich bin wirklich hier.« Probiere auch das langsame Gehen aus. Wenn du allein bist, kannst du so langsam werden, wie du möchtest. Mache beispielsweise beim Einatmen einen einzigen Schritt und beim Ausatmen wieder nur einen.

Wenn du möchtest, kannst du beim Einatmen sagen: »Ich bin angekommen.« Und beim Ausatmen sagst du: »Ich bin zu Hause.« Gemeint ist, dass du im gegenwärtigen Augenblick angekommen bist, im Hier und Jetzt. Das ist keine Deklaration, sondern eine Einsicht. Du musst wirklich ankommen. Jeder Schritt hilft dir, aufzuhören zu rennen – nicht nur körperlich, sondern vor allem geistig. Bei der Gehmeditation fällt dir das gewohnheitsmäßige Rennen auf und du kannst es nach und nach abstellen.

Um wahrhaft anzukommen, musst du dich mit Körper und Geist voll und ganz auf die Gehmeditation einlassen. Das ist die Herausforderung, denn wenn du jetzt nicht ankommst, wann dann? Bleibe also dort. Atme weiter, bis du das Gefühl hast, ganz angekommen und gänzlich präsent zu sein. Präge der Erde mit dem nächsten Schritt ein Siegel deines Ankommens auf. Freue dich, setze ruhig ein Siegerlächeln auf. Der ganze Kosmos ist Zeuge deines Ankommens. Wenn du einen solchen Schritt machen kannst, dann auch zwei oder drei. Entscheidend ist, dass dir der erste Schritt gelingt.

»Ich bin angekommen, ich bin zu Hause« heißt: »Ich will nicht mehr rennen.« Mein ganzes Leben war ich im Laufschritt unterwegs und bin doch nirgendwo angekommen. Mein Ziel ist das Hier und Jetzt, nur da ist wahres Leben möglich.

Mit der langsamen Gehmeditation üben wir uns darin, wirklich anzuhalten, Ruhe zu finden und anzukommen. Sobald du die Kunst des langsamen Gehens beherrschst, kannst du die Gehmeditation bei jeder Geschwindigkeit praktizieren. Achtsam gehen heißt nicht unbedingt, dass man langsam geht. Es bedeutet ein Gehen in Frieden und Freiheit. Jeder achtsame Schritt stärkt und heilt dich. Du gehst heim zu deinem Atem und deinem Körper. Mit jedem weiteren Schritt und Atemzug erlaubst du deinem Körper und deinen Gefühlen, sich zu entspannen. Du gehst ganz natürlich in Frieden und Freiheit, bei jedem Schritt präsent, deines Körpers und der Dinge ringsum bewusst.

Bei jedem Schritt hast du Stabilität, hast du Freiheit und bist du dein wahres Selbst. Du musst nicht dein Ziel erreichen, um anzukommen. Du kommst bei jedem Schritt an. Du realisierst deine Lebendigkeit und erkennst deinen Körper als ein Meisterwerk des Kosmos. Mit jedem Schritt in Frieden und Freiheit berührst du Nirvana, deinen kosmischen Körper, deinen Gott-Körper. Glaube nicht, Nirvana sei weit weg. Du kannst Nirvana bei jedem Schritt berühren.

Bei der Gehmeditation berühren
wir das Letztendliche, das Reich Gottes,
mit unseren Füßen, unserem Geist und
unserem ganzen Körper.

— 4 —

Unbeständigkeit – jetzt ist die Zeit

Dank der Unbeständigkeit ist alles möglich.

Manche Schildkröten werden bis zu dreihundert oder vierhundert Jahre alt, und es gibt Bäume, die über tausend Jahre alt sind. Wir werden hundert Jahre alt, wenn es hoch kommt. Wie verleben wir diese Jahre? Machen wir das Beste aus unseren Tagen? Was sollen wir hier erkennen oder erreichen?

Irgendwann im späteren Leben blicken wir zurück und fragen uns: »Was habe ich eigentlich mit meinem Leben angefangen?« Die Zeit verfliegt so schnell. Der Tod kommt unerwartet. Wie können wir mit ihm handeln? Wenn wir auf morgen warten, ist es zu spät. Wir alle möchten auf eine tiefe Weise leben, sodass wir dieses Leben nicht vergeuden und nichts zu bedauern haben, wenn der Tod kommt.

Sicher im gegenwärtigen Augenblick verankert, wissen wir, dass wir lebendig sind und was für ein Wunder es ist, lebendig zu sein. Die Vergangenheit ist vorbei, die

Zukunft ist noch nicht gekommen. *Dies* ist der einzige Moment, in dem wir lebendig sein können, und wir haben ihn!

Wir müssen diesen gegenwärtigen Augenblick zum wunderbarsten Augenblick unseres Lebens machen!

Die Unbeständigkeit zu kontemplieren hilft uns, Freiheit und Glück im gegenwärtigen Augenblick zu berühren. Es hilft, die Wirklichkeit so zu sehen, wie sie wirklich ist, sodass wir den Wandel umarmen, uns unseren Ängsten stellen und das wertschätzen können, was wir haben. Ein Durchbruch ins Herz der Wirklichkeit wird möglich, wenn wir die Unbeständigkeit einer Blüte, eines geliebten Menschen, unseres eigenen Körpers, unserer Schmerzen und Kümmernisse, irgendeiner Situation und sogar eines Steins sehen.

Unbeständigkeit ist etwas Wunderbares. Wenn die Dinge nicht unbeständig wären, könnte es kein Leben geben. Ein Maiskorn könnte keine Maispflanze werden, ein Kind könnte sich nicht zu einem jungen Erwachsenen entwickeln, Heilung und Transformation wären nicht möglich und unsere Träume könnten nicht Realität werden. Das heißt, Unbeständigkeit ist sehr wichtig für das Leben; Dank der Unbeständigkeit ist alles möglich.

Schauen wir mal, schauen wir mal

Eine alte chinesische Geschichte erzählt von einem Herrn Li, der auf dem Land lebte und für dessen Lebensunterhalt sein Pferd sehr wichtig war. Einmal riss sein Pferd aus, und die Nachbarn bedauerten ihn: »Du Ärmster, was für ein Unglück!« Herr Li jedoch war nicht ängstlich. »Schauen wir mal, schauen wir mal«, sagte er.

Ein paar Tage später tauchte sein Pferd wieder auf und brachte auch noch etliche Wildpferde mit. Da waren Herr Li und seine Familie plötzlich wohlhabend. »Du bist ein wahrer Glückspilz!«, riefen die Nachbarn, aber Herr Li sagte wieder nur: »Schauen wir mal, schauen wir mal.« Einmal wollte sein Sohn eines der Wildpferde zureiten, wurde jedoch abgeworfen und brach sich ein Bein. »Was für ein Unglück!«, befanden die Dorfbewohner, worauf Herr Li wieder nur »Schauen wir mal, schauen wir mal« sagte.

Wochen später kamen Soldaten durchs Dorf, die allen jungen Männern Einberufungsbefehle überbrachten. Herrn Lis Sohn ließen sie aus, da sein Bein noch nicht geheilt war. »Da habt ihr aber Glück gehabt«, sagten die Nachbarn wieder. Herr Li antwortete wie immer: »Schauen wir mal, schauen wir mal.«

Die Unbeständigkeit kann Glück ebenso wie Leid hervorbringen, jedenfalls ist Unbeständigkeit nichts Schlimmes. Unbeständigkeit macht, dass despotische Regime fallen und eine Krankheit geheilt werden kann. Unbeständigkeit beschenkt uns mit den vier wunderschönen

Jahreszeiten. Der Unbeständigkeit haben wir zu verdanken, dass alles sich ändert und die Dinge eine gute Wendung nehmen können.

In manchen Phasen des Vietnamkriegs sah es wirklich so aus, als würde die Gewalt niemals enden. Unser Team der jungen Sozialarbeiter mühte sich pausenlos, zerbombte Dörfer wieder aufzubauen. So viele Menschen hatten ihr Zuhause verloren. Ein Dorf nahe der entmilitarisierten Zone bauten wir nicht einmal, sondern nach wiederholten Bombardements dreimal wieder auf. Die jungen Leute fragten: »Sollen wir wirklich noch einmal von vorn anfangen? Wäre es nicht besser aufzugeben?« Zum Glück waren wir weise genug, nicht aufzugeben. Aufzugeben hätte bedeutet die Hoffnung aufzugeben.

In dieser Zeit kamen einmal ein paar junge Leute zu mir und fragten: »Lieber Lehrer, glaubst du, dass der Krieg bald aufhört?« In dieser Zeit waren auch für mich keine Anzeichen eines Kriegsendes zu erkennen. Aber ich wollte auch nicht, dass wir in Verzweiflung versinken. Ich schwieg eine Weile und sagte schließlich: »Liebe Freunde, nach den Worten des Buddha ist alles unbeständig. Eines Tages wird der Krieg zu Ende sein.« Die Frage ist: Was können wir tun, um die Unbeständigkeit zu beschleunigen? Es gibt immer etwas, das wir jeden Tag tun können, um die Situation zu verbessern.

Die Kraft der Einsicht

Wir mögen der Wahrheit der Unbeständigkeit grundsätzlich zustimmen, aber dennoch *verhalten* wir uns so, als seien die Dinge von Dauer, und darin liegt das Problem. Das hält uns davon ab, die sich genau jetzt bietenden Gelegenheiten beim Schopf zu packen, um zur Veränderung einer Situation beizutragen oder Glück für uns und andere zu bringen. Mit der Einsicht der Unbeständigkeit wartest du nicht ab. Du wirst alles tun, was du kannst, um die Welt besser oder geliebte Menschen glücklich zu machen und das Leben zu führen, das du gerne leben möchtest.

Der Buddha bot die Meditation über die Unbeständigkeit nicht an, dass wir sie als einen Begriff schätzen, sondern damit wir zur *Einsicht* in die Unbeständigkeit kommen, indem wir diese Kontemplation im täglichen Leben anwenden. Eine Einsicht ist etwas ganz anderes als ein Begriff.

Wenn wir beispielsweise ein Streichholz anzünden, fängt die Flamme sofort an, das Holz aufzuzehren. Der *Begriff* der Unbeständigkeit entspricht dem Streichholz vor dem Anzünden, während die *Einsicht* der Flamme entspricht. Wenn sich die Flamme manifestiert, verbrennt sie das Streichholz und wir brauchen es nicht mehr. Beim Gebrauch eines Streichholzes geht es uns um die Flamme, nicht um das Streichholz. Anders gesagt: Wir benutzen den Begriff der Unbeständigkeit, um zur *Einsicht* in die Unbeständigkeit zu kommen.

Wir können die Einsicht der Unbeständigkeit zu einer lebenden Einsicht verwandeln, die in jedem Moment mit uns ist.

Die Einsicht der Unbeständigkeit hat die Kraft, uns zu befreien. Angenommen jemand, der dir viel bedeutet, sagt etwas, das dich verärgert, und der erste Impuls ist jetzt, ihn zu bestrafen, indem du etwas Unfreundliches erwiderst. Er hat es gewagt, dich leiden zu lassen und jetzt willst du zurückschlagen. Streit liegt in der Luft. Gerade noch rechtzeitig fällt dir ein, die Augen zu schließen und dir die Unbeständigkeit aller Dinge zu vergegenwärtigen. Du stellst dir einen geliebten Menschen vor – was wird in dreihundert Jahren mit ihm sein? Asche. Es kann auch viel früher so kommen. Vielleicht ist er in dreißig oder fünfzig Jahren einfach nur Asche. Dann begreifst du plötzlich: Wie dumm es ist, sich seinem Ärger zu überlassen und sich zu streiten. Das Leben ist so kostbar. Es braucht wirklich nur ein paar Sekunden der Besinnung, um das Wesen der Unbeständigkeit wieder präsent zu haben und zu berühren. Da verraucht der Ärger ganz einfach, und wenn du die Augen wieder öffnest, hast du keine Lust mehr auf Streit. Du möchtest ihn einfach nur umarmen, dein Ärger hat sich in Liebe zurückverwandelt.

Im Licht der Unbeständigkeit leben

Viele der Menschen, die mir je lieb waren, Angehörige und Freunde, sind bereits gestorben. Dass ich weiterhin atme, ist ein Wunder, und ich weiß, dass ich jetzt für diese Menschen atme. Wenn ich morgens aufstehe, strecke ich mich erst einmal und mache ein wenig leichte Morgengymnastik, die mir viel Freude bereitet.

Ich bewege mich nicht, um fitter und gesünder zu werden, sondern weil ich das Leben dann noch mehr genieße.

Die achtsamen Körperübungen machen einfach Freude, die mich körperlich und geistig ernährt. Bei jeder Bewegung wird mir bewusst, wie wunderbar es ist, dass ich dazu noch in der Lage bin. Bei diesem Training empfinde ich es als einen Genuss, einen Körper zu haben und lebendig zu sein. Ich nehme das Leben und meinen Körper so an, wie sie sind, und empfinde tiefe Dankbarkeit. Wenn wir alt werden und die Gesundheit nicht immer mitspielt, freuen wir uns umso mehr an den Augenblicken, in denen unsere Schmerzen weniger stark sind. Solange wir atmen, können wir den Atem auch genießen. Wenn wir noch gehen können, kann reine Freude damit verbunden sein. Wenn wir den Frieden und die Frische in uns und um uns berühren können, profitieren sowohl Körper als auch Geist davon, sodass wir leichter unsere körperlichen Schmerzen und Beschwerden umarmen und annehmen können.

Wir fürchten das Sterben, können uns aber auch das Altwerden nur schwer vorstellen. Wir möchten nicht wahrhaben, dass wir eines Tages womöglich nicht mehr gehen oder auch nur stehen können – und uns vielleicht noch glücklich schätzen dürfen, im Rollstuhl zu sitzen. Bei solchen Gedanken empfinden wir jeden Schritt als wertvoll und wissen zugleich, dass es nicht immer so sein wird. Die Unbeständigkeit zu erkennen hilft uns, die Tage und Stunden auszukosten, die uns gegeben sind. Wir wissen unseren Körper zu schätzen, sind dankbar für unsere Liebsten und überhaupt all die Bedingungen des Glückes, die wir in diesem Moment haben. In dem Wissen, dass wir voll und ganz leben, finden wir Frieden.

Atme – du lebst!

Kostbar sind mir die Tage und Stunden,
die mir noch bleiben. So kostbar sind sie,
dass ich gelobe, nicht einen Tag oder
eine Stunde zu vergeuden.

Mein Leben lang habe ich mich darin geübt, nicht einen Moment zu vergeuden. Ob ich gehe oder arbeite, lehre oder lese, Tee trinke oder zusammen mit meiner Gemeinschaft esse, ich koste jeden Augenblick aus. Ich habe jeden Atemzug, jeden Schritt, jedes Tun zutiefst erlebt. Jeden Schritt verbinde ich beim Einatmen mit den folgenden Worten »legendäre Atemzüge einatmen«. Und beim Ausatmen sage ich »legendäre Augenblicke leben, wunderbare Augenblicke«. Bei jedem Schritt empfinde ich tiefes Glück und Zufriedenheit, und ich weiß, dass ich morgen nichts zu bedauern haben werde.

Zu atmen ist eine Art Fest,
bei dem wir feiern, dass wir leben –
und immer noch am Leben sind.

Stumme Ängste anschauen

In die Freude des Wissens, dass wir noch leben, mischt sich oft eine tiefe Angst, der wir uns nicht gerne stellen, die Furcht vor dem Tod. Wir gestehen uns das nicht gern ein, am liebsten würden wir gar nicht daran denken, aber tief im Herzen wissen wir, dass wir sterben werden. Der Tag wird kommen, an dem unser steifer Leichnam aufgebahrt wird. Dann können wir nicht mehr atmen und nicht mehr denken, wir haben keine Gefühle und Empfindungen mehr, unser Körper wird verwesen. Wenn Gedanken an den Tod aufkommen, fühlen wir uns unbehaglich und versuchen, sie wegzuwischen. Wir wollen den Tod nicht wahrhaben. Diese Angst verfolgt uns möglicherweise stumm und sie bestimmt unsere Gedanken, Worte und Taten, ohne dass wir es merken.

Wenn wir im täglichen Leben das Bewusstsein unserer acht verschiedenen Körper aufrechterhalten, können wir unsere Angst vor dem Sterben umwandeln, die tief in uns verwurzelt ist. Dann sehen wir, dass unser physischer Körper nur ein winziger Teil unserer selbst ist und wir sehen all die verschiedenen Arten, in denen wir fortgeführt werden. Wir sollten die Unbeständigkeit unseres physischen Körpers nicht verdrängen. Bleiben wir ihrer in unserem Alltag gewahr, denn sehen wir ganz deutlich, wie wir die uns verbleibende Zeit am besten nutzen können. Der Buddha lehrte die »fünf Erinnerungen«, eine Kontemplation, die am Ende jedes Tages zu rezitieren ist, als eine Übung, um die Furcht vor dem Tod zu mildern und uns die Kostbarkeit des Lebens in Erinnerung zu rufen.

Übung: Die fünf Erinnerungen

Nimm dir ein wenig Zeit, um diese Zeilen ganz langsam zu lesen und nach jedem Vers zu pausieren, dich zu entspannen und nur dem Atem zu folgen.

Es ist meine Natur, dass ich alt werde.
Es gibt keine Möglichkeit, dem Alter
zu entgehen.
Es ist meine Natur, dass ich krank werde.
Es gibt keine Möglichkeit, dem
Kranksein zu entgehen.
Es ist meine Natur, dass ich sterben werde.
Es gibt keine Möglichkeit, dem Tod zu entgehen.
Alles, was mir lieb und teuer ist und alle,
die ich liebe, unterliegen ihrer Natur nach

dem Wandel. Dass ich von ihnen getrennt werde, ist nicht zu umgehen. Meine Handlungen sind mein einzig wahrer Besitz. Den Folgen meines Handelns kann ich nicht entkommen, sie sind der Grund, auf dem ich stehe.

Um die letztendliche Dimension der Wirklichkeit zu sehen, müssen wir tief in die historische Dimension schauen, die Dimension, in der wir leben. Die »Fünf Erinnerungen« helfen uns, die »relative Wahrheit« des Todes besser zu verstehen: Den Körper erwarten tatsächlich Alter, Krankheit und Tod. Aber wir haben auch noch unseren kosmischen Körper, und das dürfen wir nicht vergessen. Je mehr wir mit dem Blick der Zeichenlosigkeit schauen, desto klarer sehen wir, dass »Transformation« ein viel besseres und treffenderes Wort ist als »Tod«. Wenn wir Unbeständigkeit und Nicht-Selbst unter dem Gesichtspunkt der vierten Erinnerung kontemplieren, beginnen wir, die tiefere Ebene der Wirklichkeit zu berühren, die »letztendliche, ultimative Wahrheit« jenseits der Zeichen. Auch wenn es so aussieht, dass uns der Tod von unseren Lieben trennt, offenbart uns das tiefe Schauen, dass sie in neuen Formen immer bei uns sein werden. Mit der fünften erinnern wir uns, dass unser Handeln uns in die Zukunft hinein weiter fortführt, und damit berühren wir unsere wahre Natur von Keine-Geburt und Kein-Tod, Kein-Kommen und Kein-Gehen, Keine-Gleichheit und Keine-Verschiedenheit. Das regelmäßige Rezitieren der

Fünf Erinnerungen hilft uns, die Einsichten der Leerheit, der Zeichenlosigkeit, der Absichtslosigkeit und der Unbeständigkeit in unserem Alltag anzuwenden.

Angewandte Einsicht

Antoine Laurent de Lavoisier gilt als Vater der modernen Chemie und entdeckte, »nichts wird erschaffen, nichts wird zerstört, alles ist Transformation«. Ich habe mich manchmal gefragt, ob Lavoisier, der zur Zeit der Französischen Revolution lebte und mit fünfzig unter der Guillotine starb, wohl fähig war, dieser Wahrheit gemäß zu leben. Er hatte eine wunderbare Frau, die ihn sehr liebte und ebenfalls Wissenschaftlerin wurde. Aber, so frage ich mich, wenn er diese tiefe Einsicht hatte, dass nichts je zerstört werden kann, fürchtete er dann wohl den Tod, als man ihn zum Schafott führte?

Lavoisiers Entdeckungen wirken bis in unsere Zeit nach. Er ist also nicht gestorben. Seine Weisheit ist noch vorhanden und er wirkt in neuen Formen weiter. Wenn wir sagen, nichts wird erschaffen, nichts wird zerstört, alles ist Transformation, dann gilt das auch für unseren Körper, unsere Gefühle, unsere Wahrnehmungen, unsere Geistesformationen und unser Bewusstsein.

Unbeständigkeit und Nicht-Selbst

Wenn wir die Unbeständigkeit tief berühren, berühren wir das Nicht-Selbst. Unbeständigkeit und Nicht-Selbst sind nicht zwei verschiedene Dinge. In Bezug auf die Zeit sagen wir Unbeständigkeit, und in Bezug auf den Raum sprechen wir von Nicht-Selbst, Leerheit und Intersein.

Die Worte sind verschieden, aber sie bezeichnen ein und dasselbe. Je tiefer unser Verstehen der Unbeständigkeit reicht, desto umfassender verstehen wir die Lehre von Nicht-Selbst und Intersein.

Intersein ist ein Substantiv, um die Natur von etwas zu bezeichnen, ob es eine Blume, ein Stern, deine Liebste oder dein eigener Körper ist. Glauben wir aber nicht, nur das Äußere sei unbeständig und innen gäbe es etwas Immerwährendes. Unbeständigkeit bedeutet, dass nichts in zwei aufeinanderfolgenden Augenblicken gleich bleibt. Tatsächlich gibt es gar kein dauerhaftes »thing« (Ding), das unbeständig genannt werden könnte. Semantisch gesehen ist es also absurd zu sagen, »Every*thing* is impermanent« (alles ist unbeständig). Die Wahrheit ist, dass alles nur für einen sehr kurzen Moment *ist*.

Betrachten wir eine Kerzenflamme. Wir sehen eine zwar wabernde, aber kontinuierliche Flamme, während es sich in Wirklichkeit um unzählige Flammen handelt, die einander folgen. In jeder Tausendstelsekunde gehen neue Flammen aus Nicht-Flamme-Elementen wie Sauerstoff und Wachs hervor. Die Flamme strahlt Licht und Wärme in alle Richtungen ab, es ist ein stetiges

Ineinander von Input und Output. Die Flamme, die wir jetzt gerade sehen, ist anders als die Flamme, die eben noch da war, aber sie ist auch nicht gänzlich von ihr verschieden. In der gleichen Weise verändern auch wir uns ununterbrochen. Körper, Gefühle, Wahrnehmungen, Geistesformationen und Bewusstsein sind in zwei aufeinanderfolgenden Augenblicken verschieden, sie werden Sekunde für Sekunde von neuen Formen abgelöst.

Einmal habe ich in Deutschland ein Retreat geleitet, bei dem auch eine Trauung stattfand. Am nächsten Tag schlug ich dem jungen Paar vor, sich gegenseitig zu fragen: »Liebste/r, bist du noch der Mensch, den ich gestern geheiratet habe, oder ein anderer?« Unbeständigkeit bedeutet Wandel, auch von einem Tag zum nächsten. Wir sind dann nicht mehr genau gleich, aber auch nicht ganz anders. Mein gestriges Ich unterscheidet sich von meinem heutigen.

Verliebte hängen oft sehr aneinander oder klammern sogar. Wir möchten, dass der geliebte Mensch so bleibt, wie er jetzt ist, wir möchten immer von ihm geliebt werden. Heute sagt dieser Mensch, dass er mich toll findet und liebt, aber wird er morgen auch noch sagen: »Ich liebe dich«? Wir fürchten immer, den geliebten Menschen zu verlieren. Wir möchten uns an etwas halten können, etwas Dauerhaftes. Wir möchten selbst so bleiben, wie wir uns jetzt kennen, und der geliebte Mensch soll auch so bleiben, wie wir ihn jetzt kennen. Das ist jedoch nicht möglich, wir alle ändern uns ständig. Wenn wir also die Unbeständigkeit liebevoll akzeptieren, werden wir dem anderen gönnen, sich zu ändern und zu wachsen. Es ist gut so, dass wir von einem Tag zum nächsten weder gänzlich gleich bleiben noch ganz anders werden.

In diesem Augenblick bist du neu und der geliebte Mensch ist neu, und so könnt ihr beide frei sein.

Die Samen wässern

Wenn wir wissen, dass der geliebte Mensch kein für sich selbst existierendes Selbst, sondern eine Komposition vieler Elemente ist, können wir die positiven Elemente in ihm »wässern«, damit sie wachsen können. Das gilt für uns selbst genauso. Auch in uns können wir gezielt die Samen wässern, die wir gern wachsen lassen und transformieren wollen. Unser Geist ist eine Art Garten, in dem Samen jeder Art sprießen: Samen der Freude, Frieden, Achtsamkeit, Verstehen und Liebe, aber auch Samen der Begierde, Ärger, Angst, Hass und Unachtsamkeit. Unser Handeln und die Qualität unseres Lebens hängen davon ab, welche Samen wir bevorzugt wässern. Wenn du Tomatensamen in deinem Garten pflanzst, wachsen bei guter Pflege Tomatenpflanzen. In der gleichen Weise wächst Frieden, wenn du in deinem Geist Samen des Friedens wässerst. Wenn du den Samen des Glücks in dir wässerst, wird dein Glück erblühen. Aber auch: Wenn die Saat des Ärgers in dir gegossen wird, wirst du ärgerlich. Alles häufig Gegossene wird stark wachsen, das heißt, du musst ein achtsamer Gärtner sein und gezielt all die Samen gießen, die du kultivieren möchtest, und die Samen, die nicht wachsen sollen, solltest du nicht wässern.

Wir alle haben unsere Stärken und Schwächen. Wir sehen uns beispielsweise als aufbrausend oder als guten Freund und Zuhörer. Diese Eigenschaften, glauben wir, machen uns aus. Aber sie gehören nicht uns allein, sondern unserer gesamten Abstammung. Wenn wir sehen, dass wir aus Nicht-Selbst-Elementen bestehen, können wir all unsere guten Eigenschaften, aber auch die Schwächen und Unzulänglichkeiten viel leichter annehmen und akzeptieren, mit Verstehen und Mitgefühl.

In einer festen Beziehung hast du zwei Gärten, deinen eigenen und den deines Lieblings. Erst einmal musst du deinen eigenen Garten versorgen und die Kunst des Gärtnerns meistern. Jeder von uns hat Blumen ebenso wie Unbrauchbares in sich. Ärger, Angst, Diskriminierung, Eifersucht – die sind unbrauchbar. Wenn du das Unbrauchbare bewässerst, stärkst du die Samen des Negativen. Wenn du die Blumen des Mitgefühls, des Verstehens und der Liebe wässerst, wirst du die positiven Samen stärken. Was du in deinem Garten anbaust, ist deine Entscheidung.

Solange du die selektive Bewässerung deines eigenen Gartens nicht beherrschst, wirst du nicht genügend Weisheit haben, um zu wissen, welche Blumen du bei deinem Partner wässern kannst. Aber wenn du deinen eigenen Garten gut pflegst, kümmerst du dich damit bereits mit um den Garten des anderen. Wenn du das auch nur eine Woche lang übst, kann bereits ein deutlicher Unterschied zu erkennen sein. Jeder kann das, und diese Übung ist auch notwendig, um unsere Beziehung lebendig zu halten. Beim achtsamen Gehen setzt du dich mit Geist und Körper ein, und so hilft jeder Schritt den Frieden, die Freude und die Freiheit zu kultivieren, die du brauchst. Jedes Mal wenn du einatmest und weißt, das du einatmest, um dann auszuatmen und deinem Atem zuzulächeln, wirst du, was du wahrhaft bist: dein eigener Meister und der Gärtner deines Gartens.

Kümmere dich gut um deinen Garten,
das hilft deinem geliebten Menschen,
sich um seinen eigenen Garten zu kümmern.

Wenn du in einer belasteten Beziehung Frieden mit dem anderen schließen möchtest, musst du bei dir selbst anfangen. Du gehst in deinen Garten und versorgst die Blumen des Friedens, des Mitgefühls und Verstehens, der Dankbarkeit und Freude. Erst dann gehst du zum anderen und bietest ihm oder ihr Geduld, Bejahung, Verstehen und Mitgefühl.

Mit dem Entschluss, sich auf einen anderen Menschen wirklich einzulassen und mit ihm oder ihr zusammen zu sein, verbindet sich die feste Absicht, miteinander zu wachsen. Es ist eure Verantwortung, sich gut um den anderen kümmern. Nach einiger Zeit können Konflikte oder Probleme entstehen, und möglicherweise fängst du dann an, deinen Garten zu vernachlässigen. Dann wachst du vielleicht eines Morgens auf und stellst fest, dass dein Garten von Unkraut überwuchert und das Licht deiner Liebe trüb geworden ist. Es ist nie zu spät, das zu ändern. Deine Liebe ist noch da und der Mensch, in den du dich verliebt hast, ist auch noch da, nur dein Garten braucht jetzt etwas Aufmerksamkeit.

Lebt deine Liebe noch?

Beim Blick auf deine engste und wichtigste Beziehung beschleicht dich vielleicht das Gefühl, dass du den Menschen, in den du sich verliebt hast, nicht mehr wiedererkennst – als wäre er verschwunden oder hätte sich in jemand ganz anderen verwandelt. Alles ist so anders. Missverständnisse und Probleme haben sich eingeschlichen. Vielleicht waren beide ungeschickt in ihrem Denken, Sprechen und Verhalten – und ihr habt eure Beziehung vernachlässigt. Unabsichtlich habt ihr euch mit Gedanken und Worten gegenseitig gekränkt, und das so oft, dass die Blicke und Gespräche jetzt nicht mehr liebevoll sind. Ihr beide leidet so sehr, und es sieht so aus, als hätte sich das Band der Liebe gelöst. Aber wie die Eichel noch in der Eiche vorhanden ist, so ist auch die Liebe von gestern heute noch präsent. Es ist immer möglich, der Beziehung neues Leben zu geben und den Menschen wiederzuentdecken, den du einmal geliebt hast.

Wenn du mit dem Blick der Zeichenlosigkeit schaust, siehst du, dass der Mensch, in den du dich verliebt hast, noch da ist.

Einmal besuchte mich ein Ehepaar mittleren Alters in Plum Village, und die beiden erzählten mir die Geschichte ihrer Ehe. In ihrer ersten Zeit waren sie heftig verliebt gewesen und hatten sich die zärtlichsten Liebesbriefe geschrieben. So kostbar waren die Tage, an denen sich ein Brief des anderen im Kasten fand, sie lauschten beide auf die Schritte des Postboten. Beide hüteten ihre Liebesbriefe wie Schätze und bewahrten sie an ganz bestimmten Plätzen auf, um sie immer wieder lesen zu können. Die Frau hatte dafür eine typisch französische Keksdose auserkoren, die sie in ihrem Kleiderschrank verwahrte.

In der ersten Liebe können wir uns am anderen schier nicht sattsehen und möchten ihn immer um uns haben. Wir denken kaum noch ans Essen, Trinken oder Schlafen. Es genügt, dem anderen in die Augen zu schauen.

Wenn wir dann nicht wissen, wie unsere Liebe zu hegen und unsere Beziehung zu pflegen ist, wird es nicht lange dauern, bis der Anblick des anderen nicht mehr gar so aufregend ist – falls es nicht sogar so ist, dass uns der Anblick eher schmerzt. Dann checken wir lieber die Nachrichten auf unserem Smartphone oder setzen uns vor den Fernseher, auch wenn der nichts Sehenswertes hergibt – alles ist besser, als mit der Realität des anderen und dem Zustand der Beziehung konfrontiert zu werden.

So war es auch bei diesem französischen Ehepaar. Ihre Liebe war im Laufe der Jahre farblos geworden. Dann trat der Mann wieder einmal eine Geschäftsreise an, die ein paar Tage dauern würde. Es war nicht das erste Mal, und seine Frau nahm es achselzuckend hin wie sonst auch. Dann war jedoch in der Zeit der Abwesenheit ihres Mannes der Frühjahrshausputz dran, und sie stieß im Kleiderschrank auf die Keksdose mit den alten Liebesbriefen.

Sie öffnete sie und entfaltete einen der Briefe, und da waren seine Worte so süß und zärtlich wie damals und trafen sie direkt ins Herz. Die guten Samen ihrer Liebe waren mit der Zeit unter immer mehr Staub und Erde verschwunden und hatten kein Wasser bekommen, aber jetzt wurden sie beim Wiederlesen der alten Briefe neu gewässert. Sie konnte beim Lesen die ganze Liebe und Freundlichkeit seiner Stimme hören. Sie las einen zweiten Brief und dann noch einen. Am Ende las sie sämtliche Briefe, ganze Stapel. Es war, als hätte in ihr ein Regen eingesetzt, der trockenes, hartes Erdreich aufweichte. Was war nur aus ihrer wunderbaren Liebe geworden, aus diesen glücklichen gemeinsamen Tagen? Auch sie hatte ihm Liebesbriefe geschrieben, und wie zärtlich sie damals mit ihm reden konnte, so voller Liebe, Akzeptanz und Verstehen.

Als sie alle Briefe gelesen hatte, empfand sie das unwiderstehliche Verlangen, diesem Mann wieder nahe zu sein, in den sie sich vor all den Jahren verliebt hatte. Sie nahm sich Stift und Papier und schrieb ihm. Die Sprache der Liebe und Zärtlichkeit floss ihr sofort wieder zu. Sie erzählte ihm von all dem Schönen, das sie zusammen erlebt hatten, von der Innigkeit ihres Zusammenseins damals. Sie äußerte ihren Wunsch, die Liebe möge wieder frisch und neu werden. Dann steckte sie den Brief in ein Kuvert und legte ihn auf seinen Schreibtisch.

Einige Tage darauf rief er an und teilte mit, er werde ein paar Tage länger wegbleiben müssen. Das liebevolle Vertrauen in ihrer Stimme traf ihn unvorbereitet und tief, als sie sagte: »Wenn es länger dauert, dann bleib so lange, Liebling. Aber komm so bald wie möglich zurück.« Seit Jahren hatte sie zu ihm nicht mehr in einem solch freundlichen Ton gesprochen.

Zu Hause fand er dann ihren Brief auf dem Schreibtisch vor. Als er ihn gelesen hatte, blieb er noch lange schweigend sitzen. Auch bei ihm war es so, dass die schlummernden Samen der Liebe frisches Wasser bekamen. Er war ein anderer Mensch, als er dann zu ihr ging. Ihre Worte hatten sein Herz weich werden lassen und wieder für sie geöffnet, einfach so. Seit Langem fühlte er sich wieder einmal gesehen, geschätzt und geliebt. Versöhnung fand statt und jetzt konnten sie sich neu entdecken, die Beziehung neu knüpfen und ihre Liebe wiedererwecken.

Dank der Unbeständigkeit ist alles möglich

Liebe ist etwas Lebendiges und braucht deshalb Nahrung. Unsere Liebe mag noch so schön sein, aber wenn wir nicht wissen, wie sie zu ernähren ist, wird sie verkümmern. Wir müssen lernen, wie wir den Garten unserer Liebe kultivieren, sodass unsere Liebesgeschichte eine lange werden kann. Glaube nicht, deine Liebe sei gestorben. Der Mensch, in den du dich verliebt hast, ist nicht verschwunden. Er ist noch da und wartet darauf, neu entdeckt zu werden.

Das Leben ist kostbar. Du bist jetzt am Leben und solltest die Chance nicht versäumen, deine Liebe wiederherzustellen und zu neuem Leben zu erwecken. Achtsamkeit kann Wunder hervorbringen. Wenn du die wunderbaren Qualitäten deines Partners erkennen kannst und du Dankbarkeit empfindest und zeigen kannst, wenn du liebevoll sprechen und wirklich gut zuhören kannst, dann wirst du fähig sein, eure Liebe wiederherzustellen und die Schönheit eurer Beziehung wiederzuentdecken. Wenn du dann später zu Regen wirst, gibt es nichts zu bedauern.

Die Wahrheit ist, dass Leiden und Glück inter-sind, das eine kann ohne das andere nicht sein. Mit jeder überwundenen Schwierigkeit in unserer Beziehung können wir unsere Liebe vertiefen. Die gute Nachricht ist, dass Leiden und Glück beide unbeständig sind. Deshalb setzte der Buddha seine Praxis fort, selbst nachdem er die Erleuchtung erlangte. Er führte uns vor

Augen, wie Leid in Glück verwandelt werden kann. So kann uns das Leiden auch heute dazu dienen, glücklicher zu werden – so wie ein Gärtner den Kompost nutzt, um seine Blumen zu ziehen.

Unser Leiden ist unbeständig,
deshalb können wir es transformieren.
Weil Glück unbeständig ist,
müssen wir es nähren.

– 5 –

Nicht-Begehren – du hast genug

Sobald wir erkennen, dass wir in genau diesem Moment bereits genug haben, und dass wir selbst genug sind, wird wahres Glück möglich.

Die Kunst des Glücks besteht in der Kunst des Lebens, der Kunst, tief im gegenwärtigen Moment zu leben. Das Hier und Jetzt ist die einzige Zeit und der einzige Ort, an dem das Leben verfügbar ist und wo wir alles finden können, was wir suchen, einschließlich Liebe, Freiheit, Frieden und Wohlbefinden.

Glück ist eine Gewohnheit. Es ist ein Training. Mit Achtsamkeit, Konzentration und Einsicht können wir uns von der Ruhelosigkeit und vom Begehren befreien und realisieren, dass wir – genau jetzt – bereits mehr als genug Bedingungen haben, um glücklich zu sein. Das ist die Kontemplation über das Nicht-Begehren. Das achtsame Atmen führt uns immer wieder zu uns selbst zurück, sodass wir den Tag über wirklich gut für uns sorgen. So können wir uns von unserem Bedauern über die Vergangenheit und den Sorgen über die Zukunft befreien, jeden Augenblick auf eine tiefe Weise leben, und mit dem Wunderbaren, Erfrischenden und Heilenden ringsum und in uns selbst in Berührung kommen.

Gefangen – nicht nach dem Köder schnappen

Unsere Betrachtung des Nicht-Begehrens ist ein anderer Weg, um die Konzentration auf die Absichtslosigkeit zu praktizieren. Wir alle haben großes Verlangen in uns und sehen uns ständig außen nach etwas um, was uns befriedigen könnte – Essen, sinnliches Vergnügen, Geld, eine Beziehung, Status oder Erfolg. Solange jedoch die Energie des Begehrens in uns ist, sind wir nie ganz zufrieden mit dem, was wir haben oder sind. Wahres Glück kann es unter diesen Umständen nicht geben. Die Energie des Begehrens reißt uns mit sich der Zukunft entgegen. Wir verlieren all unseren Frieden und unsere Freiheit im gegenwärtigen Augenblick und glauben, wir könnten erst glücklich sein, wenn wir bekommen, was wir begehren.

Doch selbst wenn wir es bekommen, sind wir nie ganz zufrieden. Wie ein Hund, der auf einem trockenen Knochen herumkaut, bleiben wir unbefriedigt, auch wenn wir uns noch so lange in unser Begehren verbeißen. Gefühlt ist es nie genug.

Das Verlangen kann eine Art Gefängnis sein, das uns davon abhält, wahres Glück und Freiheit zu berühren.

Unser ganzes Leben kann dieser Jagd nach Reichtum, Status, Einfluss und sinnlichem Vergnügen gewidmet sein, immer in der Hoffnung, dass diese Dinge die Qualität unseres Lebens verbessern. Aber am Ende bleibt uns keine Zeit mehr, um wirklich zu *leben*. Unser Leben ist nur noch dazu da, Geld zu scheffeln und »jemand« zu sein.

Der Buddha zog den Vergleich mit einem Fisch heran, der nach einem attraktiven Köder schnappt. Der Fisch weiß nicht, dass sich in dem vermeintlichen Leckerbissen ein Haken versteckt – sobald er zuschnappt, bohrt sich der Haken in sein Fleisch, er hängt an der Angel. Das Gleiche gilt für uns. Wir rennen hinter allem her, was uns begehrenswert erscheint – Geld, Macht, Sex – und erkennen die darin verborgene Gefahr nicht. Wir zerstören bei dieser Jagd unseren Geist und Körper und können trotzdem nicht davon lassen. So wie ein Haken im Köder versteckt ist, so ist auch Gefahr in dem Objekt unseres Begehrens versteckt. Sobald wir jedoch den »Haken« erkennen, den die Sache hat, lockt uns dieses Ding nicht mehr, und wir sind frei.

Anfangs kann es so aussehen, als würde uns eine Menge entgehen, wenn wir unserem Begehren nicht mehr folgen. Lassen wir jedoch schließlich ganz davon ab, sehen wir, dass wir dadurch gar nichts verlieren. Du bist dann sogar reicher als zuvor, weil du jetzt deine

Freiheit und den gegenwärtigen Augenblick wieder hast – ähnlich dem Bauern, der auf alles verzichtete, um diesen Schatz im Acker, das Reich Gottes, zu kaufen.

Einsicht befreit dich

Jeder von uns hat Einsicht: Wir wissen, dass die Objekte unseres Begehrens nichts wirklich Lohnendes enthalten. Wir wissen, dass wir nicht am Haken hängen möchten. Wir wissen, dass wir nicht alle Kraft und Zeit für die Befriedigung unserer Wünsche aufwenden möchten. Und trotzdem können wir nicht davon lassen. Das liegt daran, dass wir nicht wissen, wie wir unsere Einsicht anwenden sollen.

Nehmen wir uns also die Zeit, um anzuhalten und genau über unsere Situation nachzudenken und die Dinge zu benennen, die wir begehren. Dann müssen wir uns fragen, wo der Haken liegt und welche Gefahr damit verbunden ist. Welches Leid verbirgt sich darin? Wir sollten uns auch vor Augen führen, wie wir durch unsere Jagd und unser Begehren Leiden auf uns gezogen haben.

Alle Wünsche wurzeln in unserem ursprünglichen, grundlegenden Verlangen, zu überleben. Im Buddhismus sprechen wir nicht von Erbsünde, sondern von der ursprünglichen Angst und dem ursprünglichen Verlangen, die sich während der Geburt in uns manifestiert haben, in diesen ersten sehr unsicheren Augenblicken, als wir um unseren ersten Atemzug rangen. Unsere

Mutter konnte nicht mehr für uns atmen, und das erste Einatmen war schwierig, weil wir zuerst Wasser aus der Lunge ausstoßen mussten. Aber wir mussten atmen, sonst wären wir gestorben. Wir schafften es, wir waren geboren. Und mit dieser Geburt entstanden unsere Todesfurcht und unser Verlangen, zu überleben. Auch im Säuglingsalter blieb diese Angst bei uns. Wir wussten, dass, wenn wir überleben wollten, wir jemanden dazu bringen mussten, uns zu versorgen. Vermutlich fühlten wir uns auch machtlos und kamen auf alle möglichen Mittel, um sicherzustellen, dass wir beschützt und versorgt wurden, sodass unser Überleben gesichert war.

Inzwischen sind wir erwachsen, aber die ursprüngliche Angst und das ursprüngliche Verlangen sind noch lebendig. Wir fürchten das Alleinsein, wir fürchten, verlassen zu werden, wir fürchten das Alter. Wir möchten uns eingebunden und versorgt wissen. Wenn wir ununterbrochen arbeiten, liegt der Grund vielleicht in unserer ursprünglichen Angst und dem daraus folgenden Glauben, dass wir sonst nicht überleben könnten. Außerdem entspringen unsere eigene Angst und unser Verlangen womöglich auch aus der ursprünglichen Angst und dem ursprünglichen Verlangen unserer Vorfahren. Sie waren Hunger und Krieg ausgesetzt, mussten vielleicht ins Exil; seit Jahrtausenden hatten sie unter sehr prekären Bedingungen gelebt, in denen das Überleben immer wieder neu gesichert werden musste.

Wenn also Angst, Begehren und Verlangen aufkommen, müssen wir sie achtsam zur Kenntnis nehmen und ihnen mitfühlend zulächeln. »Hallo, Angst. Hallo,

Verlangen. Hallo, kleines Kind. Hallo, ihr Ahnen.« Auf der sicheren Insel des gegenwärtigen Augenblicks folgen wir unserem Atem und übertragen unserem inneren Kind und den Vorfahren die Energie der Festigkeit, des Mitgefühls und der Furchtlosigkeit.

Nur Achtsamkeit, die uns Einsicht vermittelt, kann unseren Stress und unsere Anspannung lindern.

Meditation und Achtsamkeit sind mehr als eine vorübergehende Zuflucht, die uns hilft, für ein Weilchen unser Leiden anzuhalten. Es ist viel mehr als das. Deine spirituelle Praxis hat die Kraft, die Wurzeln deines Leidens und die Art, wie du dein tägliches Leben lebst, zu transformieren. Einsicht ist das, was uns unsere Ruhelosigkeit, unseren Stress und unser Begehren zu beruhigen hilft. Eigentlich könnten wir jetzt anfangen, von »einsichtsbasierter Stressreduktion« zu sprechen.

Du kannst du selbst sein

Es gibt einen Witz, der vermutlich weltweit erzählt wird, und bei uns in Vietnam geht er so: In einer psychiatrischen Einrichtung gab es einen jungen Patienten, der schreckliche Angst vor den draußen frei herumlaufenden Hühnern hatte. Wenn er eins sah, lief er sofort weg. Einmal fragte ihn eine Krankenschwester, weshalb er immer wieder weglaufe. Er sagte, er sei ein Maiskorn und wolle nicht gefressen werden. Als der Stationsarzt davon erfuhr, bestellte er den jungen Mann zu sich und erklärte ihm: »Junger Mann, Sie sind ein Mensch, kein Maiskorn. Sehen Sie her, Sie haben Augen, eine Nase, eine Zunge und einen Körper wie ich. Sie sind kein Maiskorn, Sie sind ein Mensch.« Da musste ihm der junge Mann zustimmen.

Der Arzt trug ihm auf, sich ein Blatt Papier zu nehmen und immer wieder diesen Satz zu schreiben: »Ich bin ein Mensch, kein Maiskorn.« Das tat der junge Patient, er füllte viele Blätter. Und er schien auch tatsächlich Fortschritte zu machen. Immer wenn die Schwester ihn fragte, was er sei, antwortete er: »Ich bin ein Mensch, kein Maiskorn.« Die Ärzte und Pflegekräfte freuten sich für ihn. Vor seiner Entlassung bestellte ihn der betreuende Arzt ein letztes Mal zu sich.

Er ging in Begleitung der Schwester zu seinem Termin, aber unterwegs kreuzte ein Huhn seinen Weg, und er nahm sofort Reißaus. Die Schwester konnte ihn nur mit Mühe wieder einholen und rief: »Was machen Sie denn da? Weshalb laufen Sie weg? Sie haben so viel erreicht, Sie *wissen*, dass Sie ein Mensch und kein Maiskorn sind!« Der junge Mann gab zurück: »Sicher, ich weiß das, aber weiß das Huhn es auch?«

Viele von uns machen so manches nur der Form halber – nicht weil es *uns* wichtig ist, sondern weil wir denken, dass andere es für wichtig erachten. Vielleicht rezitieren und beten wir und rufen den Namen des Buddha an, weil wir meinen, dem Buddha bedeute das etwas, aber nicht weil wir selbst einen Sinn darin sehen.

Dasselbe gilt für die Jagd nach den »Zeichen« von Erfolg, Reichtum oder Status. Uns selbst ist es vielleicht gar nicht so wichtig, aber wir machen es eben, weil wir denken, dass andere es von uns erwarten. Aber wenn wir jedoch wahrhaftig erkennen, was uns solch ein Streben kostet und welche »Haken« es hat, dann wollen wir diesen Dingen nicht länger nachjagen. Wir machen von der Einsicht Gebrauch, dass wir bereits gut genug sind, wie wir sind. Wir brauchen uns und anderen nichts zu beweisen.

Wahres Glück

Unser Glück und die Qualität unseres Lebens hängen nicht an äußeren Bedingungen oder Bestätigung von außen – wie viel Geld wir haben, welchen Job, welchen Wagen, was für ein Haus. Die Mönche und Nonnen in Plum Village haben keine persönlichen Konten, keine Kreditkarten, kein Einkommen, und doch leben wir sehr glücklich. Das weicht sicherlich weit von der Norm ab, aber das einfache Leben und die Chance, anderen helfen und der Welt dienen zu können, macht uns einfach glücklich.

Wahres Glück hängt von unserer Kapazität ab, Mitgefühl und Verstehen zu kultivieren und uns und unsere Liebsten zu nähren und zu heilen.

Lieben und geliebt werden, das brauchen wir alle. Es kommt vor, dass wir, um einen empfundenen inneren Mangel auszugleichen, Beziehungen zu Menschen suchen, in denen wir das Gute, Wahre und Schöne verkörpert sehen. Wenn wir uns in jemanden verlieben, wird er oder sie bald zum Objekt unseres Verlangens. Aber sexuelles Begehren ist nicht dasselbe wie Liebe, und auf Begehren beruhende sexuelle Kontakte können nie unser Gefühl der Einsamkeit zerstreuen, sondern verstärken das Leid und die Isolation sogar noch. Wenn du deine Einsamkeit heilen möchtest, musst du zuerst lernen, dich zu heilen, für dich selbst da zu sein und deinen inneren Garten der Liebe, der Akzeptanz und des Verstehens zu kultivieren.

Sobald du Liebe und Verstehen in dir kultiviert hast, hast du etwas, das du der anderen Person anbieten kannst. Und solange wir uns selbst nicht lieben und verstehen – wie können wir dann anderen vorwerfen, dass sie uns nicht lieben oder verstehen? Freiheit, Frieden, Liebe und Verstehen sind nicht Dinge, die wir von außen bekommen können. Sie sind schon in uns verfügbar. Unsere Praxis ist alles, was wir tun können, um Liebe, Verstehen, Freiheit und Furchtlosigkeit ans Licht zu bringen, indem wir den Blick nach innen wenden und tief in uns hineinhorchen und -schauen. Statt den Objekten unseres Begehrens nachzulaufen oder unsere Liebsten zu solchen Objekten zu machen, sollten wir unsere Zeit dazu nutzen, Liebe und Verstehen in unseren Herzen zu kultivieren.

Ein wahrer Freund ist jemand, der Frieden und Glück schenkt. Wenn du dir selbst ein wahrer Freund bist, kannst du dir diesen wahren Frieden und Glück selbst schenken.

Einmal wurde ich gebeten, einem zum Tod verurteilten Häftling in einem Gefängnis in Jackson, Georgia, einen Brief der Ermutigung zu schreiben. Er hatte sein Verbrechen mit neunzehn Jahren begangen und seither dreizehn Jahre in der Todeszelle verbracht. Jetzt nahte der Tag seiner Hinrichtung, und als man mich bat, ihm Worte des Trosts zu schicken, schrieb ich ihm einen kurzen Brief, in dem es hieß: »Viele Menschen ringsum sind so voller Wut, Hass und Verzweiflung, dass sie die frische Luft, den blauen Himmel und den Duft der Rosen nicht mehr wahrnehmen. Sie befinden sich in einer Art Gefängnis. Aber wenn du dich in Mitgefühl übst und die Leiden der Menschen siehst und jeden Tag etwas tust, was vielleicht ihre Leiden lindert, dann wirst du frei sein. Ein Tag mit Mitgefühl ist mehr wert als hundert Tage ohne Mitgefühl.« Die Zahl der Tage, die uns bleiben, ist nicht so wichtig. Was zählt ist, wie wir sie leben.

Ruhelosigkeit

Wir wissen, wie es sich anfühlt, unruhig oder rastlos zu sein. Wir fühlen uns dann überhaupt nicht wohl und behaglich in der eigenen Haut, wir sind innerlich irgendwie überdreht. Wir finden keine Ruhe, alles geschieht hastig, wir hetzen von hier nach da, doch überall haben wir das Gefühl, wir sollten eigentlich woanders sein. Sogar in unserem Schlaf steckt diese Ruhelosigkeit in uns. Wir finden keine Körperposition, die sich angenehm anfühlt. Wir sehnen uns nach etwas, wir begehren etwas, aber wir wissen nicht was. Wir schauen in den Kühlschrank, checken unser Smartphone, nehmen eine Zeitung zur Hand, hören uns die Nachrichten an – wir tun alles, nur um dieses Gefühl der Einsamkeit und des Leidens in uns zu vergessen.

Wenn wir uns in die Arbeit flüchten, dann oft nicht wegen des Geldes oder weil sie uns so befriedigt, sondern weil sie uns von diesem tiefen inneren Schmerz ablenkt. Da werden wir dann von dem Gefühl, etwas zu leisten, belohnt, aber es kann auch sein, dass wir geradezu süchtig nach unserer Arbeit werden. Vielleicht wenden wir uns auch Filmen, Fernsehserien, dem Internet und Computerspielen zu oder wir hören stundenlang Musik. Es kommt uns so vor, als fühlten wir uns dabei irgendwie besser, aber sobald wir die Geräte abschalten, fühlen wir uns so elend wie zuvor, wenn nicht noch schlechter. Es ist zu einer Gewohnheit geworden, nach dem Handy zu greifen oder den Computer zu starten und in eine andere Welt abzutauchen. Wir machen das, um zu überleben, aber eigentlich möchten wir mehr, als bloß überleben. Wir möchten leben.

Es tut uns gut, diese Gewohnheitsenergie einmal ehrlich und ohne Beschönigung zu betrachten. Wenn du den Fernseher einschaltest, bist du sicher, dass sich die Sendung wirklich lohnt? Wenn du dich nach

Essbarem umsiehst, geschieht es dann wirklich, weil du Hunger hast? Wovor läufst du weg und worauf hast du wirklich Hunger?

Mit der Energie der Achtsamkeit, unserem spirituellen Praxis-Körper, können wir aufkommende Gefühle, die uns zum Weglaufen antreiben, leichter identifizieren. Fest verankert in unserem achtsamen Atmen realisieren wir, dass wir gar nicht weglaufen müssen. Wir brauchen unsere schmerzlichen Gefühle nicht zu unterdrücken. Wir sehen klar, was in uns vorgeht, und nehmen die Gelegenheit wahr, um anzuhalten, unsere Gefühle zu umarmen und anzufangen, uns wirklich gut um uns zu kümmern.

Wir alle müssen uns wieder neu mit uns selbst, unseren Liebsten und der Erde verbinden.

Wir nehmen wieder Verbindung zur Erde und zu unserem kosmischen Körper auf, die uns beide jeden Moment tragen und fördern. Wir alle benötigen Heilung der tiefen Schichten unseres Seins. Immer wenn wir mit dem achtsamen Atmen zu unserem Körper zurückkommen, setzen wir unseren Gefühlen von Einsamkeit und Entfremdung ein Ende, und wir haben die Chance, uns selbst vollständig zu heilen.

In Frieden zu sitzen, in Frieden zu atmen und in Frieden zu gehen, das lässt sich lernen. In Frieden zu sein ist eine Kunst, die wir mit unserer täglichen Achtsamkeitspraxis kultivieren.

Übung: Die Kunst der Entspannung

Inmitten eines mühsamen Tags, oder wenn du nach Hause kommst, ist es möglich, für ein paar Minuten zu deinem Körper zurückzukehren und dich zu entspannen und so einen Moment des Friedens, der Freiheit und des Glücks zu schaffen. Vielleicht möchtest du es gleich jetzt einmal ausprobieren. Zehn bis fünfzehn Minuten genügen.

Wähle einen ruhigen Platz, an dem du ungestört bleiben kannst. Nimm eine bequeme Sitzhaltung ein oder leg dich hin. Richte deine Wahrnehmung auf den ganzen Körper. Du kannst die folgende Anleitung Abschnitt für Abschnitt lesen und immer gleich umsetzen. Du kannst auch mit einer zweiten Person üben und ihr könnt euch die Abschnitte gegenseitig vorlesen.

Sammle deine Aufmerksamkeit zunächst ganz auf den Atem, verfolge das Einströmen des Atems, die Dehnung der Bauchdecke und dann das Ausatmen und das Einsinken des Bauchs. Du genießt es, jedem Ein- und Ausatmen von Anfang bis Ende zu folgen. Du kannst innerlich »heben« und »senken« sagen, um dich besser auf die Atembewegungen des Bauchs zu konzentrieren. Dem Atem folgend befreist du dich von deinen Sorgen und der Ruhelosigkeit, und dein Körper fängt schon an, sich auszuruhen.

Wir müssen uns darin üben, immer wieder zu unserem Atem und zu unserem Körper zurückzukehren. Jedes Mal, wenn wir Körper und Geist wiedervereinigen, versöhnen wir uns mit uns selbst.

Mach dir beim Einatmen die Haltung deines Körpers bewusst. Beim Ausatmen lächelst du dem ganzen Körper zu, schenke ihm ein echtes Lächeln. Sollten sich Widerstand oder Spannungen im Körper bemerkbar machen, etwa in Schultern, Brustbereich, Armen oder Händen, lass den Körper leichte Streckbewegungen machen, um die Verspannung zu lösen. Weiterhin dem Atem folgend, bewegst du den Kopf hin und her, um den Nacken zu entspannen, oder strecke behutsam den Rücken. Du kannst alle Anspannungen im Brust- oder Bauchraum oder in den Armen und Händen lösen. Erlaube allen Teilen des Körpers, sich vollkommen zu entspannen.

Beim Einatmen empfindest du Gelassenheit, beim Ausatmen Leichtigkeit. Lächle und erlaube all deinen Gesichtsmuskeln, sich zu entspannen. Löse sanft die Anspannung von den zahlreichen Muskeln in deinem Gesicht.

Spüre in die Kontaktstellen deines Körpers mit dem Boden und der Sitzfläche hinein: Fußsohlen, Rückseite der Beine, Gesäß, Rücken, Arme, Schultern und Kopf. Löse beim Ausatmen alle Spannungen und überlass das ganze Gewicht deines Körpers der Erde. Höre auf deinen Körper. Umarme ihn mit liebevoller Freundlichkeit,

Mitgefühl und Fürsorge. Sende allen Organen Liebe und heilende Energie und danke ihnen für ihre Gegenwart und die harmonische Zusammenarbeit. Lass allen Teilen deines Körpers Liebe und Dankbarkeit zukommen. Lächle jeder Zelle zu. Verbinde dich wieder mit deinem Körper. Versöhne dich mit ihm. »Mein lieber Körper, es tut mir leid, dass ich dich überfordert, im Stich gelassen, vernachlässigt habe. Ich habe zugelassen, dass Anspannung, Stress und Schmerz überhandnehmen. Erlaube dir jetzt bitte, dich auszuruhen und zu entspannen.«

Lächle dir zu. Lächle deinem Körper zu. Mache dir bewusst, dass der blaue Himmel, die weißen Wolken und die Sterne über dir und um dich sind. Die Erde hält dich in zärtlicher Umarmung. Du bist jetzt ganz in Ruhe, du hast nichts zu tun und musst nirgendwo hin. Alles, was du brauchst, ist in genau diesem Moment da und du lächelst.

Entspannung macht deinen Körper und Geist glücklich. Nach zehn bis fünfzehn Minuten dieser Übung bist du ausgeruht, erfrischt und bereit, dich wieder den Dingen des Tages zuzuwenden.

Achtsamkeit ist eine Quelle des Glücks

Bist du glücklich? Hast du ein erfülltes Leben? Wenn du Glück jetzt nicht berühren kannst, wann dann? Glück lässt sich nicht in die Zukunft verschieben. Du musst dich selbst herausfordern, um hier und jetzt glücklich zu sein. Wenn du Frieden, Freude und Glück haben möchtest – sie sind nur im gegenwärtigen Augenblick zu finden.

In der Achtsamkeitspraxis erlernen wir die Kunst, jeden Augenblick in einen glücklichen Augenblick zu transformieren. Es ist die Kunst des Innehaltens im Hier und Jetzt, um all die Bedingungen des Glücks zu erkennen, die wir bereits haben. Und es ist gleichzeitig auch die Kunst, unser Leiden zu transformieren. Beide gehören zusammen: Wenn wir die Bedingungen des Glücks erkennen und uns bewusst Augenblicke des Glücks schaffen, hilft uns das, unser Leiden zu umarmen und leichter mit ihm zurechtzukommen. Unsere Samen der Freude und des Wohlbefindens zu wässern hilft, unser Leiden zu transformieren.

Ob dieser Augenblick ein glücklicher ist oder nicht, liegt an dir. Du bist es, der den Augenblick zu einem glücklichen macht, es ist nicht der Augenblick, der dich glücklich macht. Mit Achtsamkeit, Konzentration und Einsicht kann jeder Augenblick ein glücklicher Augenblick werden.

Die Qualität deines Lebens hängt davon ab, wie weit du dich der bereits jetzt gegebenen Bedingungen des Glücks bewusst bist. Du bist am Leben. Du hast Beine, mit denen du gehen kannst. Du hast zwei wundervolle Augen, die du nur öffnen brauchst, um dich an diesem Paradies der Farben und Formen ringsum zu erfreuen.

Austern am Meeresboden sehen nie das strahlende Blau des Tageshimmels oder den majestätischen Sternenhimmel einer klaren Nacht. Sie sehen auch die Wellen nicht, sie hören den Wind nicht, die Vögel. Für uns dagegen sind all diese Wunder verfügbar. Und du, bist du für diese Wunder erreichbar? Achtsamkeit hilft uns, im Hier und Jetzt anzukommen und lässt uns die Wunder des Lebens wahrnehmen, die genau hier präsent sind, in uns und um uns herum.

Glück kommt nicht mit der Post.
Glück fällt nicht vom Himmel.
Glück ist etwas, das wir mit
Achtsamkeit erzeugen.

Du möchtest dich vielleicht einmal mit Notizbuch und Stift irgendwo still hinsetzen – im Park, unter einem Baum, an deinem Lieblingsplätzchen. Notiere alle Bedingungen des Glücks, die für dich bereits gegeben sind. Du wirst bald merken, dass du da mehr als eine Seite füllen kannst und auch drei oder vier Seiten nicht ausreichen. Da wird dir sicher aufgehen, dass du dich glücklicher schätzen kannst als viele andere. Du hast mehr als genug Bedingungen, um glücklich zu sein, und Freude und Dankbarkeit werden sich ganz natürlich in dir entfalten.

Glücklich leben im Hier und Jetzt

In der Zeit des Buddha lebte ein reicher und großzügiger Kaufmann namens Anathapindika. Die Leute liebten ihn, und von ihnen hatte er auch diesen Namen. Anathapindika bedeutet: »Der, der den Notleidenden hilft.«

Eines Tages führte Anathapindika Hunderte Geschäftsleute zum Buddha, damit sie seine Unterweisung hören konnten. Der Buddha lehrte ihnen, dass es möglich ist, im Hier und Jetzt glücklich zu leben. Ihm war wohl bewusst, dass Geschäftsleute eher ein wenig zu sehr an künftige Erfolge denken. In der Unterweisung des Buddha an diesem Tag kam eine Wendung fünfmal vor, nämlich »glücklich im gegenwärtigen Augenblick leben«. Er betonte, dass wir nicht auf künftige glückliche Umstände warten sollen. Glücklich werden wir nicht dadurch, dass wir auf Erfolge aus sind. Leben ist nur in diesem Moment verfügbar, und wir haben bereits mehr als genug Bedingungen, um glücklich zu sein. Wir können üben, es uns zur Gewohnheit machen, mit unserer Aufmerksamkeit immer wieder zu all dem zurückzukehren, was jetzt bereits gut läuft.

Die Kunst, glücklich im gegenwärtigen Augenblick zu verweilen, ist die Praxis, die in unserer Zeit am meisten gebraucht wird.

Nummer eins sein

Viele von uns wünschen sich Erfolg, wir möchten auf unserem Gebiet anerkannt und gut sein. Wir haben die Tendenz zu denken, dass wir nur glücklich sein können, wenn wir die Nummer eins sind. Aber wenn du die Nummer eins sein willst, musst du deine gesamte Zeit und Kraft für deine Arbeit aufwenden. Das führt dazu, dass du kostbare Zeit mit deiner Familie und Freunden dafür opferst – und auch die Zeit mit dir selbst. Oft opferst du deine Gesundheit dafür auf. In diesem Streben nach einer Spitzenstellung opferst du dein Glück. Was bringt es, die Nummer eins zu sein, wenn du nicht glücklich bist?

Entscheide dich: Möchtest du die Nummer eins oder glücklich sein? Deinem Erfolg kannst du zum Opfer fallen, deinem Glück nicht.

Wenn du den Weg des Glücks gehst, hast du gute Chancen, auch erfolgreich in deiner Arbeit zu sein. Wenn du glücklicher und innerlich zufriedener bist, dann arbeitest du tendenziell auch besser. Aber du musst das Glück und die innere Zufriedenheit zu deiner Priorität machen. Sobald wir uns annehmen, wie wir sind, gestehen wir uns auch zu, glücklich zu sein. Wir müssen nicht erst etwas aus uns machen oder jemand werden, um glücklich zu sein, so wenig, wie eine Rose erst eine Lotosblume werden muss. Sie ist als Rose schon schön. Du bist wunderbar, so wie du bist!

Jeder Moment ist ein Diamant

An einem Wintermorgen in Plum Village bereitete ich mich in meiner Hütte auf einen Vortrag vor. Er würde in zehn Minuten in der Meditationshalle beginnen. Wie kurz oder lang zehn Minuten sind, hängt davon ab, wie man sie lebt. Ich zog mein Mönchsgewand an und ging ins Bad, um mir das Gesicht zu erfrischen. Ich öffnete den Hahn gerade so weit, dass das Wasser tröpfelte. Das Wasser war eisig, die Tropfen fielen mir wie geschmolzener Schnee in die Hände und machten mich richtig wach. Ich hob die Hände und benetzte mir das Gesicht mit der feuchten Kühle. Es war ein Gefühl, als würde mich geschmolzener Schnee von Himalajagipfeln hier in meiner Tausende Kilometer entfernten Hütte erreichen und jetzt meine Wangen, die Stirn und die Augen kühlen. Ich sah die Schneegipfel förmlich vor mir. Ich erkannte die Präsenz der Schneeflocken in diesen Wassertropfen und lächelte.

Ich dachte nicht an den Vortrag, den ich gleich halten würde. Kein Gedanke an irgendetwas Zukünftiges. Ich verweilte glücklich in diesem gegenwärtigen Augenblick und fühlte, wie die Schneetropfen sanft auf mein Gesicht fielen.

Ich war allein in der Hütte, aber ich lächelte. Es war kein höfliches Lächeln – niemand war da, es zu sehen. Ich zog den Mantel über, trat vor die Hütte und ging hinüber zur Meditationshalle. Unterwegs bestaunte ich den funkelnden Tau im Gras, und bei jedem Schritt war mir bewusst, dass sich die Tautropfen nicht von den Schneetropfen in meinem Gesicht unterschieden.

Wo wir gehen und stehen, können wir Schneeflocken vom Himalaja begegnen. Ob wir uns das Gesicht waschen oder durch den Morgendunst gehen oder zu den Wolken aufblicken, immer sehen wir den Schnee der Berge, der in uns und in allem ringsum ist.

Unser Körper besteht bekanntlich zu ungefähr siebzig Prozent aus Wasser. Eigentlich sind es siebzig Prozent Schnee.

Wir alle brauchen eine spirituelle Dimension in unserem Leben. Mit Achtsamkeit können wir die Poesie und Schönheit in allem wahrnehmen. Wir können die Wunder des Lebens sehen. Wir berühren unseren kosmischen Körper auf eine tiefe Weise. Jede Stunde, jede Minute, jede Sekunde wird ein Diamant.

Zeit ist Leben

Am Morgen beim Aufwachen kannst du entscheiden, wie dein Tageseinstieg aussehen soll. Ich empfehle dir ein Lächeln. Weshalb? Nun, du bist lebendig und hast vierundzwanzig nagelneue Stunden vor dir. Der neue Tag ist ein Geschenk des Lebens an dich. Freue dich darüber, nimm dir fest vor, es nicht gering zu schätzen, sondern gut zu nutzen.

Und jeder neue Tag ist wieder voll der gleichen wundersamen Handlungen: Wir gehen, wir atmen, wir frühstücken und benutzen die Toilette. Die Kunst, zu leben, ist zu wissen, wie man jederzeit Glück erzeugt. Niemand kann Glück für uns erzeugen, wir müssen schon selbst dafür sorgen. Mit Achtsamkeit und Dankbarkeit können wir sofort glücklich sein.

Wenn du Zähne putzt, kannst du dich dafür entscheiden, es achtsam zu tun. Bleibe einfach mit deiner Aufmerksamkeit beim Bürsten. Wenn es zwei oder drei Minuten dauert, können es zwei, drei Minuten des Glückes und der Freiheit sein. Zähneputzen ist nicht verlorene Zeit. Es ist Leben. Erledige es nicht einfach, sondern genieße es, achtsam zu sein und konzentriere dich auf die Handlung und Bewegung des Zähneputzens. Das ist die Kunst zu leben. Du brauchst an nichts anderes zu denken, du brauchst dich nicht zu beeilen. Entspanne einfach und genieße das Zähneputzen. Wenn du dies machst, begegnest du dir selbst und du begegnest in diesem gegenwärtigen Moment dem Leben auf eine tiefe Weise.

Ich freue mich beim Zähneputzen über die Tatsache, dass ich in meinem Alter überhaupt noch Zähne habe, die ich putzen kann. Mir dessen bewusst zu sein macht mich schon froh. Jeder kann sich die Zähne so putzen, dass es Freude macht. Und wenn wir auf die Toilette gehen, können wir diese Zeit ebenfalls als erfreulich wahrnehmen. Wir gehören zum Strom des Lebens und geben der Erde etwas zurück, was wir von ihr bekommen haben. Achtsamkeit macht aus den banalsten Handlungen heilige Handlungen. Jeder Augenblick kann ein bedeutungsvoller Moment werden, in dem wir dem Leben auf eine tiefe Weise begegnen – ob wir das

Geschirr spülen, uns die Hände waschen oder zur Haltestelle gehen.

Beim Essen kannst du jeden einzelnen Augenblick auskosten. Achtsamkeit, Konzentration und Einsicht sagen dir, dass dieser Augenblick des Essens etwas ganz Besonderes ist. Es ist wundervoll, etwas zu essen zu haben.

Jedes Stück Brot und jedes Reiskorn sind ein Geschenk des gesamten Kosmos.

Meist merken wir gar nicht so richtig, was wir essen, weil wir in Gedanken anderswo sind – geistesabwesend, das Gegenteil von achtsam. Oft essen wir eher unsere Sorgen und Vorhaben als das, was auf dem Teller ist. Stell das Denken beim Essen ein, um ganz für die Speisen und die übrigen Anwesenden da zu sein. Schalte Fernseher und Radio aus, leg Handy, Zeitung und alles andere Ablenkende beiseite. Eine so eingenommene Mahlzeit versorgt dich nicht nur mit physischer Nahrung, sondern auch mit Frieden, Glück und Freiheit.

Ein Weg der Entdeckung

Wenn wir vor große Herausforderungen oder Probleme gestellt werden, tun wir uns schwer, diese schlichten Freuden zu genießen. Eher fragen wir uns dann: »Was soll das alles?« Dazu kommt es, wenn wir krank sind oder einer unserer Lieben krank ist oder im Sterben liegt, wenn wir verzweifeln und das Leben keinen Sinn mehr zu haben scheint.

Es gibt jedoch immer etwas, das wir tun können, um unser Glück zu nähren und sich um uns zu kümmern. Wenn es nicht möglich ist, uns rundum wohlzufühlen, können wir unser Glück vielleicht doch noch um fünf oder zehn Prozent steigern. Das ist schon mal etwas. Zu meditieren bedeutet nicht nur den Sinn des Lebens zu entdecken, sondern auch, uns zu heilen und zu nähren. Dabei haben wir die Chance, uns von unseren Vorstellungen zu lösen, was der Sinn des Lebens ist und was nicht.

Indem wir uns innerlich nähren und heilen, vertieft sich unser Verstehen des Sinns des Lebens Tag für Tag.

Eine der positiven Geistesformationen wird »Leichtigkeit« genannt – ein entspannter Zustand der Friedlichkeit und der Gelassenheit, ähnlich dem stillen Wasser in einem ruhigen Bergsee. Wir können weder glücklich sein noch uns innerlich nähren oder heilen, solange wir nicht in dieser Leichtigkeit und entspannten Gelassenheit sind. Der Frieden der Gelassenheit ist das Kostbarste, was es überhaupt gibt, noch kostbarer als alles, was wir sonst noch suchen könnten.

Wir alle besitzen die Fähigkeit, ruhig, friedvoll und gelassen zu sein. Doch wenn wir sie nicht kultiviert haben, ist die Kraft unserer Leichtigkeit möglicherweise noch nicht sehr ausgeprägt. Erkennst du jene Momente, in denen du ruhig und gelassen warst oder bist, als solche? Bist du in der Lage, diese Momente zu mehren?

Es ist möglich, so zu atmen, dass unser Einatmen und Ausatmen angenehm und friedlich sind. Wenn wir beim Atmen froh, glücklich und in Frieden sind, dann können wir aufhören zu rennen und im gegenwärtigen Augenblick ankommen. Heilung findet so ganz natürlich statt. Aber wenn wir während des Atmens immer noch versuchen, etwas erreichen zu wollen, sei es auch Gesundheit oder Selbstbeherrschung, dann haben wir noch nicht aufgehört zu rennen. Wir dürfen uns zugestehen, Frieden zu haben – in Frieden zu *sein*.

Übung: Die Kunst des Sitzens

Es ist durchaus möglich, ganz still zu sitzen und sich trotzdem entspannt und leicht zu fühlen. Das gelingt vielleicht nicht auf Anhieb, sondern braucht ein bisschen Übung, aber möglich ist es. Du *hast* diese Fähigkeit, still zu werden und Frieden zu berühren. Jeder Mensch hat einen Buddha-Körper, wir müssen dem inneren Buddha nur eine Chance geben.

Beim Stillsitzen geht es vielen so, dass sie ganz besonders unruhig werden und wie auf glühenden Kohlen sitzen. Aber mit etwas Übung können wir unseren ruhelosen Körper und Geist sanft zähmen und dann in Frieden sitzen. Sobald Gelassenheit und Entspannung da sind, wird Wohlbefinden und Heilung stattfinden. Und wenn wir so sitzen, wo auch immer es sei, ist es so, als säßen wir in der Frühlingsbrise mitten in einer Wiese.

Warum praktiziere ich persönlich Sitzmeditation? Weil es mir Freude macht. Wenn man es nicht genießen kann, spricht nichts dafür, es zu tun. Es soll nicht Schwerarbeit sein. Jeder Atemzug kann Frieden, Glück und Freiheit mit sich bringen. Einfach sitzen und sonst nichts weiter tun, das ist eine Kunst – die Kunst des Nicht-Tuns. Du musst wirklich nichts tun. Du musst dich nicht innerlich abmühen, um zu sitzen. Du musst dich nicht anstrengen, um friedvoll zu sein. Wenn du einfach nur auf den ein- und ausströmenden Atem achtest, ist das wie Sonnenschein auf einer Blüte. Der Sonnenschein drängt sich der Blüte nicht auf und will auch nichts aus ihr machen. Dass das Licht und die Wärme der Sonne die Blüte durchdringen, geschieht absichtslos. So sitzt du einfach da und genießt das Ein- und Ausatmen.

Wenn du möchtest, justiere deine Sitzhaltung ein wenig nach – der Rücken gerade, die Beine in bequemer Haltung, die Schultern so offen und entspannt, dass sich die Lunge frei dehnen kann. In dieser Haltung fließt der Atem ganz natürlich, dein Körper kann sich richtig entspannen. Wirklich tiefe Heilung wird durch Entspannung erlangt. Ohne sie geschieht es nicht. Deshalb musst du lernen, wie du ganz gelassen und friedvoll sein kannst und wie es ist, nichts zu tun.

Die Sitzmeditation ist eine zivilisatorische Errungenschaft. Wir haben heutzutage so viel zu tun, dass wir kaum noch Zeit zum Atmen haben. Sich die Zeit zum Sitzen in Stille zu nehmen, um Frieden, Freude und Mitgefühl zu kultivieren – das ist Zivilisation, unschätzbar wertvoll.

Du sitzt einfach da und tust gar nichts. Es genügt dir vollauf, zu wissen, dass du auf dieser wunderbaren Erde sitzt, die kreiselnd ihren Weg durch die Galaxie nimmt. Du sitzt im Schoß der Erde, über dir Billionen Sterne. Wenn dir das beim Sitzen gegenwärtig ist, wofür sonst musst dann noch sitzen? Du bist eins mit dem Universum, und dein Glück ist unermesslich.

6

Loslassen – Transformation und Heilung

Wenn wir die Kunst kennen, wie man leidet, dann leiden wir viel weniger. Dann sind wir imstande, den Schlamm unseres Leidens zu benutzen, um Lotosblumen der Liebe und des Verstehens zu kultivieren.

Sich voll und ganz auf das Leben einlassen – dazu gehört Mut. Wenn wir nicht glücklich sind, müssen wir uns fragen, woran das liegt. Wenn wir keinen Frieden finden und keinen Sinn für die Wunder der Welt haben, muss irgendetwas im Weg sein. Wir müssen herausfinden, um was es sich dabei handelt. Was bedrückt uns, was zieht uns vom gegenwärtigen Augenblick weg?

Die Kunst, glücklich zu leben, ist auch die Kunst der Transformation unseres Leidens. Wollen wir glücklich sein, müssen wir erst einmal benennen, was uns davon abhält. Der Weg zum Wohlbefinden ist der Weg aus dem Unwohlsein. Manchmal bedrückt uns etwas so sehr, dass wir es uns selbst nicht eingestehen mögen und anderen schon gar nicht. Aber der Ausweg, der Weg zum Wohlbefinden, zeigt sich uns nur, wenn wir uns den eigenen Schwierigkeiten und Leiden stellen.

Als Meditierender ist man sowohl ein Künstler als auch ein Krieger.

Wir müssen unseren Mut und unsere Kreativität nutzen, um das zu überwinden und zu durchbrechen, was uns davon abhält, glücklich und frei zu sein. Es ist, als hätten wir uns irgendwie verheddert, eigenhändig oder durch Zutun anderer. Manchmal leben wir so, als würden wir sagen: »Bring mich bitte durcheinander.« Da brauchen wir die durch Meditation gewonnene Einsicht und zugleich den Mut eines Kriegers, um die Hindernisse auf unserem Pfad zu beseitigen und die Seile zu durchtrennen, in denen wir uns verfangen haben. So sah es auch Tang Hoi, der erste Zen-Meister Vietnams, als er sagte: »Am Loslassen erkennt man die Helden.«

Entfesselungskunst

Unsere Vorhaben, unsere Arbeit und das Tempo unseres Lebens werden zu Fesseln. Unser Begehren und unsere Ruhelosigkeit lassen uns nicht los und treiben uns um. Kummer, Ärger und Ängste blockieren uns möglicherweise. Vielleicht sind wir schon unser Leben lang in den Fesseln der Wut und der Angst verstrickt oder können alten Groll nicht abschütteln. Eine Beziehung mit einer uns sehr nahestehenden Person wurde vielleicht vom Unkraut der Missverständnisse überwuchert oder wir sind in unserem Streben nach Geld, Status und sinnlichem Vergnügen gefangen. All das hält uns davon ab Glück, Frieden und Freiheit berühren zu können, die genau hier im gegenwärtigen Augenblick verfügbar sind.

Wer sich da herauswinden will, braucht Mut und Entschlossenheit. Mut ist notwendig für persönliche berufliche Veränderungen mit dem Ziel, etwas zu tun, was unseren wahren Werten und Zielen entspricht. Entschlossenheit brauchen wir, um Engagements zurückzuschrauben, die eine so hohe Arbeitsbelastung und so viel Stress mit sich bringen, dass wir uns selbst und die Menschen in unserer Umgebung vernachlässigen. Auch das offene Gespräch mit dem Partner oder einer Freundin oder Mitgliedern unserer Familie zu suchen erfordert unseren Mut.

Jede von uns muss ihre Fesseln selbst identifizieren, um sich davon befreien zu können. Wir müssen uns die Zeit nehmen, einmal ernsthaft zu erforschen, in was wir uns verstrickt haben. Es genügt nicht, die Fesseln los sein zu wollen. Bevor wir sie abstreifen oder zerschneiden können, müssen wir erkennen, *weshalb* und *wie* es überhaupt zu dieser Verstrickung gekommen ist.

Wie viel Lebenszeit hast du noch vor dir? Was könnte so wichtig sein, dass du dich dadurch von einem glücklichen, erfüllten Leben abhalten lässt? Mach dir klar, was dir wirklich wichtig ist, und du wirst dich von der Ruhelosigkeit und Frustration, von Befürchtungen und

Unmut lösen können, die du mit dir herumgetragen hast.

Es gibt nicht viele wahrhaftig freie Menschen. Wir sind mit zu vielen Dingen beschäftigt. Nicht einmal als Millionär oder als berühmte und einflussreiche Person können wir wahrhaft glücklich sein, solange wir keine innere Freiheit haben. Was wir uns alle am meisten auf der Welt wünschen, ist Freiheit.

Jeder hat seine eigene Vorstellung von Glück. Wir meinen, wir könnten erst glücklich sein, wenn wir einen bestimmten Job oder Wagen, unser Traumhaus oder unseren Traumpartner haben. Oder wir bilden uns ein, wir müssten bestimmte Dinge aus unserem Leben entfernen, um glücklich sein zu können. Manche denken sogar, ihr Glück hinge vom Wahlsieg einer bestimmten politischen Partei ab. Aber das sind alles nur Gedankengebilde und Vorstellungen, die wir uns selbst geschaffen haben. Wenn wir unsere Vorstellungen loslassen, dann können wir sofort mit dem Glück in Berührung kommen. Unsere *Vorstellungen* von Glück sind möglicherweise genau das *Hindernis*, das unserem Glück im Wege steht.

Loslassen

Eine Liste der bereits gegebenen Bedingungen deines Glücks hast du schon verfasst. Such dir jetzt ein ungestörtes Plätzchen, an dem du eine neue Seite deines Notizbuchs aufschlägst, um alles zu notieren, was dich bindet oder fesselt; alles, wovon du loslassen musst – einschließlich deiner Vorstellungen vom Glück. Das bloße Benennen der Dinge, deren du dich entledigen möchtest, wirkt bereits erleichternd. Je mehr du loslässt, desto leichter und freier fühlst du dich.

Aus dem Loslassen erwachsen Freude und Glück, aber es kostet Mut. Nehmen wir an, du lebst in einer stickigen Großstadt und willst gern einmal ein Wochenende in der Natur verbringen. Du sagst, dass du gern mal weg möchtest, aber irgendwie gelingt es dann doch nicht, weil du zu sehr an der Stadt hängst. Du bist ins Stadtleben verwickelt und es kommt nicht dazu, dass du die wogenden Hügel und die Wälder, den Strand oder die Berge, den Mond und die Sterne siehst. Wenn du dann doch einmal von Freunden dazu gebracht wirst, spürst du schon am Stadtrand, wie etwas in dir aufgeht. Du fühlst den frischen Wind im Gesicht und dann diese Weite – so wohltuend. Das ist die Freude des Loslassens, die Freude, die Verstrickungen hinter sich zu lassen.

Leiden transformieren

Nicht immer ist das, was unser Glück verhindert, so einfach zu entwirren oder loszulassen. Gram und Verzweiflung haben möglicherweise tief in unserem Herzen Wurzeln geschlagen, und um diese zu transformieren, brauchen wir die Furchtlosigkeit eines Kriegers und das Geschick eines Künstlers. Um dabei Unterstützung zu bekommen, können wir in unserem Buddha-Körper, unserem spirituellen Praxis-Körper und unserem Gemeinschafts-Körper Zuflucht nehmen.

1954 wurde meine Heimat in Nord- und Südvietnam geteilt. Der Krieg tobte und es war kein Ende abzusehen. In dieser Zeit starb meine Mutter, was mich sehr hart traf und in eine schwere Depression fallen ließ. Medizinisch konnte man nichts für mich tun. Nur dank der Praxis des achtsamen Atmens und des achtsamen Gehens war ich schließlich imstande zu heilen.

Meine Erfahrung zeigt mir, dass Depression, Verzweiflung, Wut und Angst mit der Praxis des achtsamen Atmens und Gehens überwunden werden können. Jeder Schritt, jeder Atemzug kann heilend wirken. Solltest du also deprimiert oder depressiv sein, probiere, achtsames Atmen und achtsames Gehen mit deinem ganzen Herzen zu praktizieren. Schon nach einer Woche kann dein Leiden spürbar abnehmen und Erleichterung bringen. Gib nicht auf. Komme immer wieder zum Atmen und Gehen zurück. Vertraue darauf, dass Furchtlosigkeit und Durchhaltevermögen bereits in dir gegeben sind. Die Samen des Erwachens und Mitfühlens werden dir helfen, durch diese Zeit zu kommen.

In einer persönlichen Krise oder depressiven Phase meinen wir, das Leben selbst sei das Problem. Da kann der Gedanke entstehen, dass wir nicht mehr leiden würden, wenn wir nur diesen Körper loswerden könnten. Wir würden gern dieser Erdenschwere entkommen und irgendwo anders sein, wo es kein Leiden gibt. Aber wie wir bereits gesehen haben, ist das nicht möglich. Leben und Tod sind nicht das, was sie zu sein scheinen. »Sein oder Nichtsein« – das ist eben *nicht* die Frage. Auf der Ebene der relativen Wirklichkeit mag es Geburt und Tod geben, doch auf der Ebene der letztendlichen Wirklichkeit ist Sein oder Nichtsein nicht mehr länger die Frage. Was wir über Leerheit, Zeichenlosigkeit, Absichtslosigkeit und unsere acht Körper gehört haben, lässt keinen Zweifel daran, dass wir viel mehr sind als dieser physische Körper. Es gibt kein eigenständiges Selbst, das diesen Körper verlassen kann, um sich dann anderswo aufzuhalten, wo alles gut und Leiden unbekannt ist.

Frieden, Freiheit und Glück sind genau hier in diesem Leben zu finden, wir müssen nur die Kunst erlernen, mit unserem Leiden umzugehen.

Wir haben einen Körper und sind lebendig, und das bietet uns die Chance, unser Leiden zu heilen und zu transformieren und wahres Glück und die Wunder der Welt zu berühren. Was wir zu unserer eigenen Heilung und Transformation tun können, erzeugt für uns und unsere Vorfahren einen schöneren Fortführungs-Körper.

Wer leidet?

Wenn die Verzweiflung zu groß wird, kommt es darauf an, sich von der Vorstellung zu lösen, es sei *unser* Leiden und dieser Körper sei unser Selbst und gehöre zu uns. Die Einsicht des Interseins und des Nicht-Selbst kann das unterstützen. Wenn wir uns nicht als ein gesondertes Selbst sehen, heißt das nicht, dass wir nicht mehr leiden. Wenn die Bedingungen des Leidens zusammenkommen, entsteht Leiden. Wir fühlen es, wir erleben es. Und wenn die Bedingungen dann nicht mehr ausreichen, hört das Leiden auf. Die gute Nachricht ist, dass Leiden unbeständig ist. Es muss kein eigenständiges Selbst geben, das leidet.

Wenn wir großes Leid zu tragen haben, können wir sicher sein, dass dieses Leiden nicht nur unser eigenes ist. Vielleicht ist es von unseren Eltern, Großeltern und Urgroßeltern auf uns übertragen worden. Sie hatten vielleicht nie die Gelegenheit zu lernen, wie man seine Schmerzen und Leiden transformieren kann, und so wurde dieses Leiden von Generation zu Generation »vererbt«. Du bist vielleicht die erste Person in deiner Familie, die mit Lehren und Praktiken in Berührung gekommen ist, die helfen, dieses Leiden zu erkennen und sich darum zu kümmern.

Wenn es gelingt, unser Leiden zu transformieren, tun wir das nicht allein für uns selbst, sondern für alle unsere Vorfahren und Nachkommen.

In dem Wissen, dass du dies mit und für alle deine Vorfahren und Nachkommen tust, findest du den Mut und die Kraft, selbst die schwierigsten Phasen zu überwinden. Und wir wissen, dass wir einen guten Fortführungs-Körper für die Zukunft kultivieren.

Unser Körper ist nicht unser persönliches Eigentum, sondern etwas Kollektives. Er ist der Körper unserer Vorfahren. In unserem Körper haben wir unsere Mutter und unseren Vater, unser Land, unser Volk, unsere Kultur und den gesamten Kosmos. In tiefer Verzweiflung mag wohl der Gedanke aufkommen, dass wir besser dran sind, wenn wir dicsen Körper zerstören. Aber unser Wissen um das Intersein sagt uns, dass wir damit auch unsere Eltern und früheren Vorfahren in uns töten. Es ist möglich, dieses Leiden, das nicht allein unseres ist, durch den Körper hindurchgehen zu lassen. Es ist unbeständig. Mit Furchtlosigkeit und Beharrlichkeit kann es nach und nach verwandelt werden.

Den Sturm überstehen

Der Atem kann uns beim Annehmen heftiger Gefühle helfen, sodass wir Erleichterung finden. Wir sind so umfassend und weit und unsere Gefühle sind nur ein Teil von uns – wir sind weitaus mehr als unsere Gefühle. Starke Gefühle sind wie ein Sturm, der losbricht, eine Weile wütet und dann abflaut. Wir müssen lernen, einen Sturm zu überstehen, und dafür ist die Bauchatmung sehr wichtig. Sobald sich Ärger, Traurigkeit,

Angst oder Verzweiflung regen, sollten wir sofort zu unserem Atem zurückkommen, um dem in uns wütenden Sturm nicht schutzlos preisgegeben zu sein, sodass wir uns um ihn kümmern können. Da sind wir wie ein Baum im Sturm: Die Äste mögen sich wie wild biegen, aber Stamm und Wurzeln bleiben fest. Mit der Bauchatmung bringen wir unser Bewusstsein in den Rumpf beziehungsweise den Bauch hinunter, und da finden wir verlässliche Stabilität. Wir sollten nicht oben im Geäst bleiben, wo uns der Wind beutelt und fortbläst.

Du kannst dabei sitzen, stehen oder liegen. Achte auf den Bauch, Konzentriere dich nur auf das Ein- und Ausatmen und auf das Heben und Senken der Bauchdecke. Denke nicht an die Auslöser des Sturms, sondern folge nur dem Atem und den Bewegungen der Bauchdecke. Nach fünf, zehn oder fünfzehn Minuten wird der Gefühlssturm vergehen, Klarheit und Ruhe treten wieder in den Vordergrund.

Die Bauchatmung kannst du jederzeit und überall anwenden. Wenn du irgendwo ein paar Minuten warten musst, kannst du zur Abwechslung mal nicht zum Handy greifen, sondern dich einer kleinen Herausforderung stellen, nämlich einhundertprozentig beim Atem zu bleiben. So trainierst du auch deinen spirituellen Praxis-Körper, sodass die Rückkehr deiner Aufmerksamkeit zum Atem schließlich geradezu reflexartig wird – eine wertvolle Hilfe, die dich in schwierigen Momenten retten kann. Auch für kleinere Problemsituationen des Alltags empfiehlt es sich, diese Rückkehr zur Bauchatmung zu üben. Falls dann einmal die Flut der Emotionen kommt, wird dein Praxis-Körper für dich da sein, wenn du ihn am meisten brauchst.

Leiden erkennen und umarmen

Fürchten wir uns nicht vor Schmerzen und Leiden. Wirklich schlimm sind sie nur, wenn wir nicht wissen, wie mit ihnen umzugehen ist. Und das ist eine Kunst. Wenn wir wissen, wie wir mit unserem Leiden umgehen können, leiden wir viel weniger und wir fürchten uns nicht mehr davor, vom Leiden in uns überwältigt zu werden. Mit Achtsamkeit können wir die Präsenz des Leidens erkennen, verstehen und umarmen, und das beruhigt und erleichtert uns schon ein wenig.

Wenn ein schmerzliches Gefühl aufkommt, versuchen wir oft, es zu unterdrücken. Es ist gar zu unbehaglich, wenn es an die Oberfläche kommt, wir würden es am liebsten loswerden oder zumindest überdecken. Da wir jedoch Achtsamkeit üben, lassen wir es an die Oberfläche kommen, damit wir es klar erkennen und umarmen können. Dies wird Transformation und Erleichterung bringen. Den Schlamm in uns zu akzeptieren, das muss unbedingt der erste Schritt sein. Indem wir unsere problematischen Gefühle und Empfindungen erkennen und anerkennen, ergibt das gleich eine gewisse Beruhigung: Wir sehen, dass der Schlamm unser Wachstum fördert, und fühlen uns nicht mehr so davon bedroht.

Wenn wir leiden, laden wir eine andere Energie aus den Tiefen unseres Bewusstseins ein aufzusteigen: die

Energie der Achtsamkeit. Achtsamkeit kann unser Leiden annehmen und umarmen. Sie sagt: »Hallo, mein lieber Schmerz.« Das ist die Kunst des Erkennens. »Hallo, mein Schmerz. Ich weiß, dass du da bist. Ich kümmere mich um dich, hab keine Angst.«

Wir haben also zwei Energien in uns, die der Achtsamkeit und die des Leidens. Achtsamkeit hat die Aufgabe, das Leid zu erkennen und anzuerkennen, um es dann sanft und mitfühlend zu umarmen. Dazu dient uns das achtsame Atmen. Beim Einatmen sagst du innerlich: »Hallo, mein Schmerz.« Beim Ausatmen sagst du: »Ich bin für dich da.« Unser Atem führt die Schmerzenergie mit sich; wenn wir also sanft und mitfühlend atmen, umarmen wir auch unseren Schmerz mit Zärtlichkeit und Mitgefühl.

Wenn Schmerz in uns hochkommt, müssen wir für ihn da sein. Wir sollten nicht weglaufen oder ihn mit Konsum übertönen oder Ablenkung und Zerstreuung suchen. Wir sollten ihn zur Kenntnis nehmen und ihn umarmen, wie eine Mutter ihr weinendes Kind liebevoll umarmt. In diesem Vergleich steht die Mutter für Achtsamkeit und das Kind für das Leiden. Die Mutter bringt die milde Energie der Liebe mit, und das Kind fühlt sich in ihren Armen sofort getröstet und leidet weniger, auch wenn die Mutter noch gar nicht weiß, was der Anlass war. Ihre bloße Umarmung wirkt bereits tröstend und lindernd. Wir brauchen nicht zu wissen, woher unser Leid kommt. Wir umarmen es nur, und das allein bringt bereits Erleichterung. Dann lässt der Schmerz nach und wir wissen, dass er schon wieder gehen wird.

Wenn wir mit der Energie der Achtsamkeit zu uns selbst zurückkehren, fürchten wir nicht mehr, dass die Energie des Leidens uns überwältigt. Achtsamkeit gibt uns die Kraft, tief zu schauen und lässt Verstehen und Mitgefühl entstehen.

Dieser Umgang mit Schmerz und Leid ist eine Kunst, die sicher eine gewisse Übung verlangt. Als Meditierende sind wir Künstler und gleichsam auf den mitfühlenden Umgang mit unserem Schmerz spezialisiert. Du darfst da auch ruhig kreativ sein. Vielleicht möchtest du zeichnen, malen, schöne inspirierende Musik hören oder ein Gedicht schreiben. Manche meiner Gedichte mit besonders schöner Bildsprache sind in den Zeiten entstanden, als ich mich dem größten Leiden gegenübersah. Gedichte zu schreiben war meine Art, mich zu nähren und mich zu trösten, damit ich nicht aus dem Gleichgewicht kam und weiterhin Kraft für meine Arbeit hatte.

Ich persönlich wende mich bei schwierigen Gefühlen gern schönen positiven Erinnerungen zu, die mich trösten und die Samen der Hoffnung in meinem Bewusstsein wässern. Das können innere Bilder von meinen geliebten Zedern in Plum Village sein oder die Vorstellung von einem fröhlich lachenden spielenden Kind. Das ist geistiges »Gärtnern«. Die positive Energie der guten Samen erfreut den Geist und umarmt und durchdringt die schmerzlichen Gefühle. Welche Erinnerungen und schönen Erlebnisse kannst du aufrufen, um die

Energie der Traurigkeit oder Verzweiflung damit zu umarmen und auszugleichen, wenn sie aufsteigen?

Du kannst mit deinem Schmerz auch einen Spaziergang machen, um ihn der Erde, dem blauen Himmel, dem Sonnenschein anzuvertrauen, all den kleinen Wundern, die uns jeden Augenblick umgeben. Zu leiden genügt nicht. Du musst dich auch daran erinnern, dass es die Wunder des Lebens gibt. Du bleibst ganz bei deinem Körper, bei deinem Atem, bei deinem Leiden und erlaubst Mutter Erde und deinem kosmischen Körper, den Schmerz zu umarmen. Du erlaubst all den Wundern des Lebens, dich zu trösten und zu erfrischen und dir Erleichterung zu bringen.

Heilsame Präsenz

Wenn du weißt, wie du mit deinem eigenen Leiden mitfühlend umgehen und es umarmen kannst, wirst du auch wissen, wie du anderen helfen kannst, die körperliche oder seelische Schmerzen erfahren. Wenn du ruhig und mitfühlend bist, kannst du diese Energien auch einem anderen vermitteln. Wenn du neben diesem Menschen sitzt, spürt er oder sie bereits die Energie deiner Präsenz, deine mitfühlende Fürsorglichkeit. Du musst gar nichts sagen oder tun.

Die Qualität unserer Präsenz
verändert bereits die Situation.

Du bist dann wie ein Baum. Ein Baum tut gar nichts, aber wenn du ihn anfasst oder dich unter ihn setzt, kannst du spüren, wie seine Energie dich durchdringt. Der Baum besitzt eine Energie. Er steht nur da und ist ganz er selbst, und das ist so erfrischend, so nährend und heilend.

Manchmal fühlen wir uns angesichts des Leidens eines anderen hilflos, so als wäre da gar nichts zu machen, um ihm oder ihr zu helfen. Aber wenn du die Energie der gelassenen Ruhe durch Entspannung und achtsames Atmen erzeugst und aufrechterhältst und dein Gefühl der Hilflosigkeit einfach umarmen kannst, dann kümmerst du dich dadurch gut um deine eigene »Baum«-Energie. Jemanden, der gerade leidet, unsere starke und konzentrierte Präsenz zu schenken kann bereits sehr heilsam und unterstützend für diese Person sein.

Viele möchten etwas gegen das Leiden der Welt unternehmen – überall sehen wir Gewalt, Armut und Umweltzerstörung. Aber ohne inneren Frieden und ohne genügend Mitgefühl sind wir keine große Hilfe. Wir selbst sind die Mitte. Wir müssen zuerst in uns selbst Frieden finden und unser eigenes Leiden lindern, da wir die Welt repräsentieren. Frieden, Mitgefühl und Wohlbefinden fangen bei uns selbst an. Wenn wir uns mit uns selbst versöhnen, unser eigenes Leiden umarmen und transformieren können, sorgen wir damit auch für die Welt. Denke nicht, dass du und die Welt zwei verschiedene, voneinander getrennte Dinge sind. Was du für dich tust, das tust du für die Welt.

Übung: Die Kunst des Leidens

Wenn du dein eigenes Leid verstehen willst, musst du erst einmal ruhig werden. Nimm deinen Schmerz mitfühlend an, dann kannst du tief in ihn schauen, um seinen Ursprung zu verstehen und ihn zu transformieren.

Nicht weglaufen

Wir wissen, dass wir Schmerzliches in uns tragen, aber wir wollen nicht zu uns selbst zurückkehren und uns damit befassen. Wir fürchten, dass Kummer und Verzweiflung uns überwältigen könnten, also wenden wir uns davon ab oder unterdrücken sie. Aber solange wir weglaufen, haben wir niemals eine Chance auf Heilung und Transformation. Deshalb besteht der erste Schritt der »Kunst des Leidens« darin, die Energie der Achtsamkeit zu nutzen, um für das Leiden präsent zu sein und nicht auszuweichen. Dein achtsames Atmen und die Energie der Achtsamkeit, Konzentration und Einsicht – dein spiritueller Praxis-Körper – gibt dir den nötigen Mut und die Standfestigkeit, um alles, was da auftaucht, zu erkennen und zu umarmen und um damit umgehen zu können.

Vermeide den zweiten Pfeil!

Wenn man von einem Pfeil getroffen wird, tut das sehr weh, aber wird man an der gleichen Stelle von einem zweiten Pfeil getroffen, verzehnfacht sich der Schmerz. Dein Leiden ist der erste Pfeil. Der zweite Pfeil ist durch deine Reaktion gegeben, zum Beispiel Verärgerung,

Irritation, Widerstand. Andere mögliche Formen des zweiten Pfeils sind: Angst, weil du die Situation für viel schlimmer hältst, als sie tatsächlich ist; die Unfähigkeit zu akzeptieren, dass du getroffen bist; vielleicht auch tiefe Enttäuschung oder Bedauern. Wichtig ist hier, dass du dich beruhigst und den Schmerz klar erkennst, ohne ihn zu überzeichnen oder durch sorgenvolle Gedanken zu verstärken.

Die Wurzeln erkennen

Wenn du dein Leiden umarmst, stellst du fest, dass sich auch das Leiden deiner Eltern und Vorfahren, deines Volks, deines Landes, ja der ganzen Welt darin verbergen. Viele von uns haben schon einmal Zustände der akuten Traurigkeit, Angst oder Verzweiflung erlebt, die wir nicht verstehen. Wir wissen nicht, woher diese Gefühle kommen. Wenn du tief genug schaust, kannst du die tiefen Wurzeln solcher Gefühle sehen, die möglicherweise von unseren Vorfahren an uns weitergegeben wurden. Dies hilft dir, das Leiden zu transformieren, und Schmerz und Verzweiflung werden ebenfalls nachlassen.

Nichts kann überleben, wenn ihm keine Nahrung zugeführt wird. Das gilt für Leiden ebenso wie für Liebe. Wenn Kummer und Depression bei dir schon eine Weile anhalten, muss ihnen wohl von irgendwoher Nahrung zugeführt werden. Jeden Tag konsumieren wir unsere eigenen Gedanken und dazu Fernsehen, Filme, Gespräche, Musik und auch die uns umgebende kollektive Bewusstseinsatmosphäre, die giftig sein kann. Bleib also wach und überleg dir gut, ob dein Leid nicht durch dergleichen noch an ihren Wurzeln gefüttert wird. Wir können diese »Nahrungsquellen« durch neue Sprech-, Denk-, Verhaltens- und Konsumgewohnheiten ausschalten, und unser Leiden wird nach und nach das Zeitliche segnen – um dann zu Kompost zu werden und als Nahrung für neue Blumen des Verstehens und des Mitgefühls im Garten unseres Herzens zu dienen.

Leiden hat auch sein Gutes

Es ist nur natürlich, dass wir stark und gesund bleiben und nie unter Schmerz und Krankheit leiden möchten. Viele von uns hoffen, dass uns ernste Probleme und allzu große Herausforderungen erspart bleiben. Meine eigene Erfahrung sagt mir jedoch, dass ich ohne die großen Schwierigkeiten und Leiden in meinem Leben keine Chance gehabt hätte, meinem spirituellen Weg so weit zu folgen. Ich hätte sonst nie die Chance gehabt, zu heilen, zu transformieren und dadurch auf so eine tiefe Weise Frieden, Freude und Freiheit zu berühren. Wie könnten wir verständnisvoll und mitfühlend werden, ohne selbst Leid erfahren zu haben? Mitgefühl entsteht aus dem Verstehen des Leidens, und ohne Verstehen und Mitgefühl können wir keine glücklichen Menschen sein.

So sehr meine Schülerinnen und Schüler mir am Herzen liegen, ich wünsche ihnen nicht den Himmel auf Erden oder irgendeinen Ort, an dem es kein Leiden gibt. Glück lässt sich ohne Leiden nicht schaffen, wie der Lotos nicht wachsen kann, wo kein Schlamm ist. Glück und Frieden gehen aus der Transformation von Leiden und Schmerz hervor. Wenn es keinen Schlamm gäbe, wie könnte dann die Lotosblume wachsen? Lotosblumen gedeihen nicht auf Marmor.

– 7 –
Nirvana ist jetzt

Nirvana ist ein angenehm kühler, erfrischender Zustand, den wir alle in diesem Leben berühren können.

Mit Achtsamkeit, Konzentration und Einsicht können wir unser Leiden transformieren und im Hier und Jetzt Nirvana berühren. Nirvana ist kein entlegener Ort in einer fernen Zukunft.

Das Wort »Nirvana« entstammt einem altindischen Dialekt. Zur Zeit des Buddhas wurde – wie auch heute noch in vielen Teilen der Welt – auf kleinen Herdstellen gekocht, die mit Stroh, getrocknetem Mist, Reisig oder auch Reisspelzen befeuert wurden. Jeden Morgen entfachte die Mutter als Erstes dieses Feuer und bereitete das Frühstück für die übrigen Mitglieder der Familie zu, die nach dem Frühstück zur Feldarbeit aufbrechen würden. Dazu hielt sie erst einmal die Hand über die Asche vom Vorabend und prüfte, ob sie noch Wärme abstrahlte. War das der Fall, konnte sie das Feuer gleich mit Stroh oder Reisig wieder anfachen. Kalt fand sie die Asche dagegen vor, wenn die Glut völlig erloschen war.

Wenn man die Hände dann in die Asche steckt, fühlt sie sich angenehm kühl an.

Der Buddha verwendete das Wort »Nirvana« für die angenehme Erfahrung des Abkühlens der Flammen unseres Leidens und unserer inneren Wunden. Viele von uns verbrennen in dem Feuer des Begehrens, der Angst, Beunruhigung, Verzweiflung oder Reue. Unser Zorn und unsere Eifersucht oder auch unsere Vorstellungen über Tod und Verlust verzehren uns innerlich wie Feuer. Aber wenn wir unser Leiden transformieren und unsere falschen Vorstellungen ablegen, dann können wir auf eine ganz natürliche Weise einen erfrischenden Frieden berühren: Das ist Nirvana.

Es besteht eine sehr enge Beziehung zwischen Leiden und Nirvana. Wie würden wir ohne Leiden den Frieden des Nirvana erkennen? Ohne Leiden können wir nicht von unseren Leiden erwachen. Kühle Asche gibt es nur, wenn zuvor etwas gebrannt hat. Leid und Erwachen gehören zusammen.

Während wir mit unseren Leiden umzugehen lernen, lernen wir, Nirvana-Momente zu schaffen.

Nirvana muss nichts Großartiges sein, wofür wir ein Leben lang üben, um es vielleicht eines Tages zu erleben. Jeder von uns kann jeden Tag kleine Nirvana-Momente berühren. Angenommen, du gehst barfuß und trittst versehentlich auf eine dicht mit Stacheln besetzte Brombeerranke – schon ist es um deinen Frieden und dein Glück geschehen. Du ziehst die Stacheln einen nach dem anderen aus deinem Fuß und spürst sofort Erleichterung – ein kleines bisschen Nirvana. Je mehr Dornen du herausziehst, desto größer sind die Erleichterung und der Frieden. Im gleichen Sinne können wir sagen: Das Entfernen von Leiden und Verstrickungen *ist* die Präsenz von Nirvana. Während wir Ärger, Angst und Verzweiflung erkennen, umarmen und transformieren, beginnen wir, Nirvana zu erfahren.

Nirvana berühren

Nach den Worten des Buddha können wir Nirvana mit unserem physischen Körper genießen. Wir *brauchen* unseren Körper, wir brauchen unsere Gefühle, Wahrnehmungen, Geistesformationen und unser Bewusstsein, um Nirvana berühren zu können. Wir können es mit unseren Füßen, unseren Augen und unseren Händen berühren. Dank der Tatsache, dass wir in diesem menschlichen Körper leben, können wir das Abkühlen des Feuers erleben und Nirvana-Momente schaffen.

Wenn wir die Flammen unseres Zorns abkühlen können und seine Wurzel verstehen, dann verwandelt sich der Zorn in Mitgefühl, und das ist die Nirvana-Erfahrung. Wenn wir Frieden und Freiheit bei der Gehmeditation erfahren, berühren wir unseren kosmischen Körper, berühren wir Nirvana. Wir halten inne, wir lösen uns von allen Zukunftssorgen und schmerzlichen Erinnerungen und genießen die Wunder des Lebens in diesem gegenwärtigen Augenblick. Das ist Nirvana berühren.

Wenn wir auf tiefe Weise in Berührung mit der historischen Dimension im gegenwärtigen Augenblick kommen, können wir die letztendliche Dimension der Wirklichkeit berühren. Es sind keine getrennten Welten. Indem wir unseren kosmischen Körper und die Welt der Phänomene berühren, verbinden wir uns mit dem Letztendlichen, dem Bereich der »Wirklichkeit-in-sich-selbst«.

Indem wir die Welt der Phänomene aus der Perspektive des Letztendlichen anschauen, erkennen wir: Ohne Tod könnte es keine Geburt geben, ohne Leid könnte es kein Glück geben, ohne Schlamm keinen Lotos – sie gehören zusammen, eins kann nicht ohne das andere sein. Geburt und Tod sind einfach Vorstellungen auf der Ebene der historischen Dimension. Sie sind nicht die wahre Natur der Wirklichkeit in der letztendlichen Dimension, die alle Vorstellungen und Begriffe, alle Zeichen und Erscheinungen transzendiert. In der letztendlichen Dimension der »Wirklichkeit-in-sich-selbst« gibt es keine Geburt und keinen Tod, kein Leid und kein Glück, kein Kommen und Gehen, kein Gut und Böse. Wenn wir uns von allen Vorstellungen und Begriffe lösen können – auch den Vorstellungen von »Selbst«, »Mensch«, »Lebewesen« oder »Lebensdauer« –, berühren wir die wahre Natur der Wirklichkeit selbst, berühren wir Nirvana.

Nirvana ist die Dimension des Letztendlichen. Es ist das »Erlöschen« und das Loslassen von allen Vorstellungen und Begriffen. Die Konzentrationen der Leerheit, Zeichenlosigkeit, Absichtslosigkeit und Unbeständigkeit, des Nicht-Begehrens und Loslassens verhelfen uns zu einem Durchbruch zur wahren Natur der Wirklichkeit. Durch die tiefe Kontemplation über unseren physischen Körper und die Welt der Phänomene berühren wir Nirvana – die wahre Natur des Kosmos, unseren Gott-Körper – und wir erfahren Frieden, Glück und die Freiheit der Nicht-Angst. Wir fürchten Geburt und Tod, Sein und Nichtsein nicht mehr.

Wie Vögel es lieben zu fliegen und der Hirsch mit Wonne im Wald umherstreift, so genießt der Weise das Verweilen in Nirvana. Wir brauchen nicht in der Ferne danach zu suchen, da Nirvana unser wahres Wesen in eben diesem Moment ist. Du kannst die letztendliche Dimension der Wirklichkeit, du kannst Gott nicht aus dir herausnehmen.

Nirvana zu berühren bedeutet, die Einsicht von Keine-Geburt und Kein-Tod in unserem Alltag zu verwirklichen.

Nirvana ist nicht ewiger Tod

Viele glauben, Nirvana sei ein bestimmter Ort oder ein Zustand der Glückseligkeit, in den wir nach unserem Tod eintreten. Vielleicht ist uns auch schon der Ausdruck begegnet, der Buddha sei bei seinem Tod »ins Nirvana eingegangen«. Es hört sich so an, als sei

Nirvana ein Ort, zu dem wir nach dem Tod gehen. Aber diese Vorstellung kann schwerwiegende Missverständnisse heraufbeschwören. Sie verleitet zu dem Schluss, wir könnten Nirvana nicht berühren, solange wir leben, und Nirvana stehe uns erst offen, wenn wir sterben. Das ist jedoch ganz und gar nicht das, was der Buddha lehrte.

Einmal während einer Vortragsreise in Malaysia kamen wir in Kuala Lumpur an der Werbetafel eines buddhistischen Bestattungsunternehmens vorbei, das sich »Nirvana« nannte. Ich fand es dem Buddha gegenüber gar nicht nett, Nirvana einfach mit Tod gleichzusetzen. Der Buddha jedenfalls hat Nirvana nie mit dem Tod gleichgesetzt. Nirvana wird assoziiert mit dem Leben im Hier und Jetzt. Es ist einer der größten Fehler der westlichen Buddhismusforscher, Nirvana als eine Art »ewigen Tod« zu definieren, der den Kreislauf der Wiedergeburten beendet. Das ist ein wirklich irreführendes und schwerwiegendes Missverständnis der eigentlichen tiefen Bedeutung des Begriffs. Warum würden sich Abermillionen Menschen zu einer Religion bekennen, die den ewigen Tod lehrt? Die Vorstellung des ewigen Todes ist immer noch in den Begriffen von Sein und Nichtsein oder Geburt und Tod gefangen – während die wahre Natur der Wirklichkeit all diese Begriffe transzendiert. Nur während wir leben, können wir Nirvana berühren. Ich hoffe, dass jemand in Kuala Lumpur diesen Bestattungsunternehmer zu einer Änderung seines Firmennamens überreden könnte.

Jenseits aller Begriffe

Die Einsicht des Interseins zeigt uns, dass nichts auf der Welt für sich existiert, auch unser Körper nicht. Alle Dinge sind wechselseitig voneinander abhängig. Wären die Dinge niemals schmutzig, wie könnten sie dann sauber sein? Ohne Unglück könnte es niemals Glück geben, ohne das Böse niemals Gutes. Würde es kein Leiden geben, wie könnten wir dann tief in es schauen, um dadurch Verstehen und Liebe entstehen zu lassen? Ohne Leiden, wie könnte es dann Einsicht geben? Wenn es kein falsch gäbe, wie können wir dann wissen, was richtig und gut ist?

»Gott ist gut, Gott ist Liebe«, sagen wir, aber wenn Gott gut ist und wenn Gott Liebe ist, bedeutet das, dass er dann überall dort nicht ist, wo es keine Güte und Liebe gibt? Das ist eine wichtige Frage. Aus buddhistischer Sicht können wir sagen, dass die letztendliche Natur der Wirklichkeit, dass die wahre Natur Gottes alle Begriffe transzendiert, einschließlich der Begriffe von Gut und Böse. Jede andere Auffassung würde Gott nicht gerecht werden.

Bei großen Naturkatastrophen, die viele Tausend Menschenleben kosten, wird immer wieder gefragt: »Wie kann Gott, der gut ist, solch ein Leiden zulassen?«

Wenn wir Nachrichten von Kriegen, Terrorangriffen, Erdbeben, Tsunamis und verheerenden Stürmen hören, sehen wir uns möglicherweise der Verzweiflung hilflos ausgeliefert, wir können keinen Sinn darin erkennen. Warum müssen manche so leiden und sterben und andere nicht? Da hilft uns die Einsicht der Leerheit. Wenn ein kleines Kind, eine Großmutter, ein Mädchen oder ein junger Mann gewaltsam zu Tode kommt, haben wir das Gefühl, ein Teil von uns sei ebenfalls gestorben. Wir sterben mit, weil wir in Wirklichkeit keine getrennt existierende Person sind, sondern alle der Menschheit angehören. Da wir noch leben, leben auch die Gestorbenen noch in uns. Wenn wir diese Einsicht des Nicht-Selbst berühren können, inspiriert uns das, so zu leben, dass sie in aller Schönheit in uns fortbestehen.

Nirvana, die letztendliche Natur der Wirklichkeit, hat nichts Festlegendes oder Festgelegtes, sie ist neutral. Das macht alle Dinge im Kosmos zu staunenswerten Wundern. Die Lotosblume ist ein Wunder und ebenso der Schlamm. Die Magnolie ist ein Wunder und der giftige Schierling ist ein Wunder. Die Vorstellungen von Gut und Böse sind von unserem Geist geschaffen, nicht von der Natur. Wir brauchen uns nur von all diesen Vorstellungen zu lösen, um die wahre Natur der Wirklichkeit zu erkennen. Wir können ein Erdbeben, einen Sturm oder Vulkanausbruch nicht als gut oder schlecht bezeichnen, alles spielt seine Rolle im großen Ganzen.

Vielleicht müssen wir also unsere Gottesvorstellung überdenken. Wenn Gott nur auf der Seite des Guten ist, kann er nicht die letztendliche und allumfassende Wirklichkeit sein. Wir können ihn nicht einmal als den Grund allen Seins bezeichnen, denn was wäre dann der Grund des Nichtseins? Wir können von Gott nicht in Begriffen von Existenz oder Nichtexistenz, Sein oder

Nichtsein sprechen. Selbst der Frieden und das Glück, die aus dem Berühren des Letztendlichen hervorgehen, entspringen aus unserem Inneren, nicht aus dem Letztendlichen. Das Letztendliche, Nirvana, ist nicht Frieden oder Freude schlechthin, da man dem Letztendlichen keinen Begriff oder keine Kategorie zuschreiben kann. Das Letztendliche transzendiert alle Kategorien.

Warte nicht auf Nirvana

Als der Buddha unter dem Bodhibaum erwachte, war er ein Mensch, und nach seiner Erleuchtung war er immer noch ein Mensch mit allen Leiden und Bedrängnissen, die das verkörperte Dasein mit sich bringt. Der Buddha war nicht aus Stein gemacht. Er hatte weiterhin Gefühle und Schmerzen, er erlebte Kälte, Hunger und Müdigkeit wie wir alle. Denken wir also nicht, wir könnten keinen Frieden finden und Nirvana nicht berühren, solange wir den Leiden und Plagen des Menschseins ausgesetzt sind. Der Buddha blieb nach seiner Erleuchtung nicht von Leiden verschont. Aus seinen Lehrreden und den über ihn erzählten Geschichten wissen wir von seinem Leiden. Er wusste aber damit umzugehen, und das ist der entscheidende Punkt. Seine Erleuchtung hatte Leiden zum Hintergrund. Er verstand es, seine Leiden zu nutzen, um zu erwachen. Infolgedessen litt er weitaus weniger als die meisten von uns.

Ein achtsamer Atemzug oder Schritt kann uns echtes Glück und Freiheit bringen. Sobald wir jedoch unsere

Praxis einstellen, manifestiert sich Leiden. Kleine Augenblicke des Friedens, des Glücks und der Freiheit summieren sich nach und nach, um großes Erwachen und große Freiheit hervorzubringen. Kann man sich Besseres wünschen? Dennoch denken viele, mit dem Erwachen sei alles in Butter, dann sind wir erleuchtet, und das war's – keine Probleme mehr und nie wieder Leiden. Aber das ist nicht möglich. Erwachen und Leiden gehören immer zusammen; ohne das eine ist das andere nicht zu haben. Solange wir von unserem Leiden wegrennen, können wir niemals Erwachen finden. Es ist also in Ordnung, zu leiden – wir müssen nur lernen, wie wir damit umgehen. Erwachen kann mitten im Herzen unseres Leidens gefunden werden. Dank der Transformation und Verwandlung der Hitze des Feuers können wir die Kühle von Nirvana berühren. Die Übungen in diesem Buch können dir helfen, bei jedem Schritt entlang des Weges Frieden und Freiheit zu berühren.

Schlussbetrachtung – Zeit zu leben

Die sieben Konzentrationen – Leerheit, Zeichenlosigkeit, Absichtslosigkeit, Unbeständigkeit, Nicht-Begehren, Loslassen und Nirvana – sind ganz praktischer Natur. Wenden wir sie im täglichen Leben an, finden wir zunehmend Freiheit von Angst, Ärger, Ängstlichkeit und Verzweiflung. Die Einsicht des Interseins und der wechselseitigen Abhängigkeit aller Dinge lässt uns mehr Erfüllung im gegenwärtigen Augenblick finden, da wir das ganze Ausmaß unseres Seins erfassen und all unsere verschiedenen Körper wertschätzen. Das gibt uns die Möglichkeit, unserer wahren Natur gemäß zu leben, uns mit unseren Lieben zu versöhnen und unsere Schwierigkeiten und Leiden zu transformieren.

Mit dem, was wir durch diese Konzentrationen an Einsicht gewinnen, bekommt unser Leben eine neue Tiefe. In allem, was wir tun, liegen mehr Freude, Frieden und Mitgefühl. Wir verstehen, dass wir nicht warten müssen, in den Himmel oder ins Nirvana zu kommen, um glücklich zu sein, sondern dass wir den

Himmel und das Nirvana gerade hier auf der Erde berühren können. Wenn wir die Wirklichkeit im gegenwärtigen Augenblick auf eine tiefe Weise berühren, kommen wir mit der Ewigkeit in Berührung. Wir transzendieren Geburt und Tod, Sein und Nichtsein, Kommen und Gehen. Wir meistern die Kunst zu leben und wissen, dass wir unser Leben nicht vergeuden. Wir möchten nicht einfach leben, wir möchten gut leben.

Die unmittelbaren Früchte unserer Achtsamkeitspraxis sind Freude, Festigkeit und Glück in jedem Augenblick. Nehmen wir an, du gehst achtsam vom Parkplatz zu deinem Büro. Jeder Schritt ist Frieden. Jeder Schritt ist Freiheit. Jeder Schritt ist Heilung. Das Erreichen deines Büros ist nur ein Nebenergebnis. Wenn du lernst, so in Freiheit zu gehen, wird es dir zur Gewohnheit, glücklich und zufrieden im gegenwärtigen Augenblick zu verweilen. Der Frieden und das Glück dieses Gehens dringen in alle Zellen deines Körpers ein. Wenn du dies jeden Tag praktizierst, wird das achtsame Gehen zu einer neuen Lebensform – einer Lebenskunst –, die du an deine Kinder weitergeben kannst.

Die Wissenschaft sagt uns: Leben heißt lernen. Seit Jahrmillionen lernen und passen wir uns an unsere Umwelt an – um zu überleben. Die natürliche Auslese sorgt dafür, dass alle nicht anpassungsfähigen Lebensformen nicht lange überleben. Und wenn wir in unserer schnelllebigen Gesellschaft, die stark von Stress, Angst, Sorgen und Verzweiflung geprägt ist, überleben wollen, müssen wir lernen, irgendwie damit zurechtzukommen. Was wir da lernen, wird Teil unseres genetischen und spirituellen Erbes, das wir an künftige Generationen weitergeben. Dieses Erbgut liegt in unseren Zellen und in unserem kollektiven Bewusstsein.

Der Mensch hat sich vom *Homo habilis* zum *Homo erectus* entwickelt, bevor er schließlich zum *Homo sapiens* wurde, und jede neue Stufe unserer Evolution verdankte sich Lernprozessen. Manche schlagen für eine neue Spezies des Menschen den Namen *Homo conscius* vor – der Mensch mit der Fähigkeit und Kapazität, achtsam zu sein. Der Buddha gehörte dieser Spezies an, und das gilt auch für seine unmittelbaren Schüler und deren Schüler und so weiter. Sie haben gelernt, wie man alle Dinge bewusst tut, wie man achtsam geht, achtsam isst, achtsam arbeitet. Sie haben auch gelernt, dass Achtsamkeit Konzentration und Einsicht erzeugt – jene Art von Einsicht, die es ihnen ermöglicht, auf eine tiefe Weise zu leben und Gefahren zu vermeiden. Und indem sie leben, lernen sie.

Eine Spezies, die sich nicht anpasst, kann nicht überleben. Gegenwärtig haben wir zwei Möglichkeiten, uns anzupassen. Die erste besteht darin, uns gegen Gefahren, Stress und Verzweiflung zu schützen, um nicht Opfer der gegebenen Umweltbedingungen zu werden, sondern zu überleben. Deine tägliche Praxis trägt zu diesem Schutz bei. Deine Art zu denken, zu atmen, zu gehen, all das kann deinem Schutz dienen. Dank der Energie der Achtsamkeit, Konzentration und Einsicht kannst du auch in einer stress- und giftbelasteten Umgebung überleben, und dein Verstehen und Mitgefühl sorgen dafür, dass du nicht zu einer Verschlimmerung der Situation beiträgst. Da du ein Mitglied des *Homo conscius* bist, werden deine Lernerfolge in deinen Zellen abgelegt und so auf kommende Generationen übertragen, die auf diesem Wege von deiner Erfahrung profitieren und dadurch nicht nur bessere Überlebenschancen haben, sondern auch ein glückliches, erfülltes Leben führen können.

Als Mönch habe ich keine leiblichen Kinder und Enkel, aber ich habe spirituelle Kinder. Ich habe gesehen, dass es möglich ist, meine Erkenntnisse und meine Weisheit und Anpassungsfähigkeit auf meine Schülerinnen und Schüler, meine spirituellen Kinder und Enkel, zu übertragen. Wie ich meinen Eltern ähnlich sehe, so sehen auch meine Schüler mir irgendwie ähnlich. Das ist natürlich keine genetische, sondern eine spirituelle Übertragung. Tausende Menschen überall auf der Welt gehen, sitzen, lächeln und atmen wie ich, und das sind Zeugnisse einer echten Übertragung, die in das Leben meiner Schülerinnen und Schüler integriert und sogar den Zellen ihres Körpers eingeprägt wurde. Später werden meine Schüler diese durch Anpassung gewonnenen Züge auf ihre Nachkommen übertragen.

Wir alle können dazu beitragen, dass sich *Homo conscius* – die Spezies, die Achtsamkeit, Mitgefühl und Erleuchtung verkörpert – weiterhin entwickelt und lange bestehen bleibt. Die Welt braucht dringend mehr Erleuchtung, Verstehen, Mitgefühl, Achtsamkeit und Konzentration. Es gibt so viel Leiden, das durch Stress, Depression, Gewalt, Diskriminierung und Verzweiflung verursacht wird – wir brauchen eine spirituelle Praxis.

Mit einer spirituellen Praxis werden wir fähig, uns anzupassen und zu überleben. Wir führen ein beständiges und freies Leben und sind dadurch in der Lage, anderen Achtsamkeit, Konzentration, Einsicht, Freude und Mitgefühl zu vermitteln. Das ist unser Erbe, unser Fortführungs-Körper, und wir hoffen, dass kommende Generationen dieses Erbe, das wir ihnen mit unserem Leben dargebracht haben, annehmen und fortführen.

Die zweite Form der Anpassung sieht ganz anders aus. Nehmen wir an, dein Eindruck von der hektischen Geschäftigkeit ringsum führte dich zu dem Schluss, dass du alle anderen darin noch übertreffen musst, um Schritt halten zu können. Alle wollen es bis ganz nach oben schaffen, und da du das auch möchtest, übernimmst du die Taktiken – beruflich, aber auch im sozialen Umfeld. Das gelingt vielleicht eine Weile, aber letztlich ist diese Anpassungstaktik selbstzerstörerisch, für den Einzelnen ebenso wie für die Menschheit.

Wir sind in der heutigen Gesellschaft derart beschäftigt, dass wir nicht einmal mehr die Zeit haben, gut für uns selbst sorgen zu können. Wir fühlen uns nicht wohl in unserer Haut, uns fällt es schwer, uns um unseren Körper, unsere Gefühle und Emotionen zu kümmern. Wir haben Angst, von unserem Leiden überwältigt zu werden und deshalb rennen wir vor uns selbst weg. Das ist einer der kennzeichnenden Züge unserer Zivilisation geworden.

Aber wie wollen wir mit unseren Schmerzen fertig werden, wenn wir vor uns selbst davonlaufen? Wenn wir uns nicht um uns selbst kümmern können, wie können wir uns dann um die Menschen kümmern, die uns besonders am Herzen liegen? Und wie können wir Mutter Erde schützen und für sie sorgen? Mutter Erde ernährt uns und kann uns heilen, aber wir laufen von ihr weg und fügen ihr sogar Schaden und Zerstörung zu. Und die Technik hilft uns immer mehr bei unserer Flucht vor uns selbst, unserer Familie und der Natur.

Hier muss es eine Revolution geben, eine sanfte Revolution: ein Erwachen in jedem Einzelnen. Wehren wir uns! Sagen wir, was zu sagen ist: »Ich will so nicht mehr weitermachen! Das ist doch kein Leben, wenn ich keine Zeit habe zu leben, keine Zeit habe zu lieben.«

Wenn wir diese Revolution einmal im eigenen Bewusstsein in Gang gebracht haben, wird sie für unsere Familie und das weitere Lebensumfeld eine radikale Veränderung bringen. Wichtig bleibt aber, dass wir zunächst unsere eigene Lebensform, unsere Art zu leben entschlossen ändern. Wir müssen unsere Freiheit zurückfordern, die Wunder des Lebens zu genießen. Wenn wir glücklich sind, dann werden wir über die Kraft und Ausdauer verfügen, auch anderen dazu zu verhelfen.

Wenn wir anhalten, um zu atmen, dann ist das keine Zeitverschwendung. Die westliche kapitalistische Zivilisation sagt »Zeit ist Geld« und wir sollten unsere Zeit nutzen, um Geld zu verdienen. Da können wir es uns nicht erlauben, einfach zu atmen, mit Genuss spazieren zu gehen oder den Sonnenuntergang zu bewundern. Keine Zeit zu verlieren. Dabei ist Zeit viel kostbarer als Geld. Zeit ist Leben. Zu unserem Atem zurückzukehren und uns bewusst zu werden, was für einen wunderbaren Körper wir haben – das ist Leben.

Hast du Zeit, die Herrlichkeit des Sonnenaufgangs zu genießen? Hast du Zeit, die Musik des fallenden Regens, der singenden Vögel in den Bäumen oder des sanften Klangs der aufsteigenden Flut zu genießen? Viel zu lange dauert unser Traum schon an, jetzt gilt es aufzuwachen. Wirklich, wir *können* anders leben. Spürst du nicht schon den Wunsch danach, anders zu leben?

Zeit ist nicht Geld.
Zeit ist Leben und Zeit ist Liebe.

Wenn viele Menschen aufwachen, können sich die Dinge sehr rasch ändern. Deshalb sollte alles, was wir tun, dazu führen, ein kollektives Erwachen einzuleiten. Menschen können hasserfüllt, gemein und gewalttätig sein, aber es ist uns auch gegeben – durch eine spirituelle Praxis –, mitfühlende Beschützer aller Menschen und anderer Lebewesen zu werden – Erwachte, die diese Erde schützen und ihre Schönheit bewahren. Das Erwachen ist unsere Hoffnung. Und Erwachen ist möglich.

Rütteln wir uns also selbst wach, um zu einer neuen Lebensform überzugehen, einem Leben mit mehr Freiheit, mehr Glück, mehr Vitalität, mehr Mitgefühl und mehr Liebe. Wir müssen unser Leben so einrichten, dass wir uns um unseren Körper, unsere Gefühle, unsere Lieben und die Erde kümmern können. Für uns und andere sorgen – das ist die Anpassungsleistung, die wir an die nächsten Generationen weitergeben möchten. Beugen wir uns nicht länger dem gesellschaftlich bedingten Druck, wehren wir uns – einfach durch die Art, wie wir beispielsweise vom Parkplatz zu unserer Arbeitsstelle gehen. Wir können dabei sagen: »Ich weigere mich zu rennen, ich widerstehe. Ich lasse mir keinen Augenblick, keinen einzigen Schritt entgehen. Ich hole mir mit jedem Schritt meine Freiheit, meinen Frieden und meine Freude zurück. Dies ist mein Leben und ich möchte es auf eine tiefe Weise leben.«

Nachwort – ein Weg des Glücks

Die fünf Achtsamkeitsübungen, auch die fünf Achtsamkeitstrainings genannt, stehen für die buddhistische Vision einer globalen Spiritualität und Ethik. Sie sind an keine bestimmte Religion gebunden und von universaler Natur. In allen spirituellen Traditionen gibt es Entsprechungen, und dabei handelt es sich nicht um Gebote, sondern um Praktiken des Mitgefühls, die aus Achtsamkeit und Einsicht hervorgehen.

Sie bilden eine Lebensform, die die Einsicht des Interseins verkörpert, nämlich dass alles mit allem verbunden ist und dass Glück und Leiden keine persönliche Angelegenheit sind. Den fünf Achtsamkeitsübungen zu folgen bedeutet, die durch die Kontemplation über die Leerheit, Zeichenlosigkeit, Absichtslosigkeit, Unbeständigkeit, das Nicht-Begehren, das Loslassen und das Nirvana gewonnenen Einsichten konkret im täglichen Leben anzuwenden. Sie stehen für die Kunst des achtsamen Lebens, eine Lebensform, die uns hilft, uns selbst, unsere Familie, unsere Gesellschaft und die Erde transformieren und heilen zu können. Sie verhelfen uns zur bestmöglichen Form der Anpassung, die wir an die zukünftigen Generationen weitergeben möchten. Sie bilden einen Weg des Glücks, und mit dem bloßen Wissen, dass wir auf diesem Weg sind, können wir Frieden, Glück und Freiheit bei jedem Schritt entlang des Weges berühren.

Die fünf Achtsamkeitsübungen

1. Ehrfurcht vor dem Leben

Im Bewusstsein des Leidens, das durch die Zerstörung von Leben entsteht, bin ich entschlossen, Mitgefühl und Einsicht in das »Intersein« zu entwickeln und Wege zu erlernen, das Leben von Menschen, Tieren, Pflanzen und unserer Erde zu schützen. Ich bin entschlossen, nicht zu töten, es nicht zuzulassen, dass andere töten, und keine Form des Tötens zu unterstützen, weder in der Welt noch in meinem Denken oder in meiner Lebensweise. Im Wissen, dass schädliche Handlungen aus Ärger, Angst, Gier und Intoleranz entstehen, die ihrerseits dualistischem und diskriminierendem Denken entspringen, werde ich mich in Unvoreingenommenheit und Nicht-Festhalten an Ansichten üben, um Gewalt, Fanatismus und Dogmatismus in mir selbst und in der Welt zu transformieren.

2. Wahres Glück

Im Bewusstsein des Leidens, das durch Ausbeutung, soziale Ungerechtigkeit, Diebstahl und Unterdrückung entsteht, bin ich entschlossen, Großzügigkeit in meinem Denken, Reden und Handeln zu praktizieren. Ich bin entschlossen, nicht zu stehlen und nichts zu besitzen, was anderen zusteht. Ich werde meine Zeit, Energie und materiellen Mittel mit denen teilen, die sie brauchen. Ich werde mich in tiefem Schauen üben, um zu erkennen, dass das Glück und das Leiden anderer nicht getrennt sind von meinem Glück und meinem Leiden, dass wahres Glück nur möglich ist mit Verstehen und Mitgefühl und dass es viel Leiden und Verzweiflung bringen kann, hinter Reichtum, Ruhm, Macht und sinnlichem Vergnügen herzujagen. Ich bin mir bewusst, dass Glücklichsein von meiner geistigen Haltung und nicht von äußeren Umständen abhängig ist und dass ich glücklich im gegenwärtigen Augenblick leben kann, indem ich mich daran erinnere, dass ich bereits mehr als genug Bedingungen habe, um glücklich zu sein. Ich bin entschlossen, »rechten Lebenserwerb« zu praktizieren, um so dazu beizutragen, das Leiden der Lebewesen auf dieser Erde zu verringern und den Prozess der globalen Erwärmung umzukehren.

3. Wahre Liebe

Im Bewusstsein des Leidens, das durch sexuelles Fehlverhalten entsteht, bin ich entschlossen, Verantwortungsgefühl zu entwickeln und Wege zu erlernen, die Sicherheit und Integrität von Individuen, Paaren, Familien und der

Gesellschaft zu schützen. Im Wissen, dass sexuelles Verlangen nicht Liebe ist und dass sexuelles Handeln, das durch Begierde motiviert ist, immer sowohl mir als auch anderen schadet, bin ich entschlossen, keine sexuelle Beziehung einzugehen, ohne wahre Liebe und die Bereitschaft zu einer tiefen, langfristigen und verantwortlichen Bindung, von der meine Familie und meine Freunde wissen. Ich werde alles tun, was in meiner Macht steht, um Kinder vor sexuellem Missbrauch zu schützen und um zu verhindern, dass Paare oder Familien durch sexuelles Fehlverhalten auseinanderbrechen. In dem Bewusstsein, dass Körper und Geist eins sind, bin ich entschlossen, geeignete Wege zu erlernen, um gut mit meiner sexuellen Energie umzugehen und die vier grundlegenden Elemente wahrer Liebe – liebevolle Güte, Mitgefühl, Freude und Unvoreingenommenheit – zu entwickeln, sodass mein eigenes Glück und das Glück von anderen wachsen kann. Indem wir wahre Liebe üben, werden wir auf eine sehr schöne Weise in der Zukunft fortbestehen.

4. Liebevolles Sprechen und tiefes Zuhören

Im Bewusstsein des Leidens, das durch unachtsame Rede und aus der Unfähigkeit, anderen zuzuhören, entsteht, bin ich entschlossen, liebevolles Sprechen und mitfühlendes Zuhören zu üben, um Leiden zu lindern und Versöhnung und Frieden in mir und zwischen anderen Menschen, ethnischen und religiösen Gruppen und Nationen zu fördern. Im Wissen, dass Worte sowohl Glück als auch Leiden hervorrufen können, bin ich entschlossen, wahrhaftig zu sprechen und Worte zu gebrauchen, die Vertrauen, Freude und Hoffnung wecken. Wenn Ärger in mir aufsteigt, bin ich entschlossen, nicht zu sprechen. Ich werde achtsames Atmen und Gehen praktizieren, um meinen Ärger zu erkennen und tief in seine Wurzeln zu schauen, besonders in meine falschen Wahrnehmungen und mein fehlendes Verständnis für mein eigenes Leiden und das der anderen Person. Ich werde in einer Weise sprechen und zuhören, die mir und dem anderen helfen kann, Leiden zu transformieren und einen Weg aus schwierigen Situationen zu finden. Ich bin entschlossen, keine Nachrichten zu verbreiten, wenn ich nicht sicher bin, dass sie der Wahrheit entsprechen, und Äußerungen zu unterlassen, die Trennung oder Uneinigkeit verursachen können. Ich werde »rechtes Bemühen« praktizieren, um meine Fähigkeit zu Liebe, Verstehen, Freude und Unvoreingenommenheit zu nähren und um allmählich Ärger, Gewalt und Angst, die tief in meinem Bewusstsein liegen, zu verwandeln.

5. Nahrung und Heilung

Im Bewusstsein des Leidens, das durch unachtsamen Konsum entsteht, bin ich entschlossen, auf körperliche und geistige Gesundheit für mich selbst, meine Familie und meine Gesellschaft zu achten, indem ich achtsames Essen, Trinken und Konsumieren praktiziere. Ich werde mich darin üben, tief zu schauen, um meinen Konsum und meinen Umgang mit den vier Arten von Nahrung – Essbarem, Sinneseindrücken, Willenskraft und Bewusstsein – zu erkennen. Ich bin entschlossen, weder

Alkohol noch Drogen oder andere Dinge zu benutzen, die Gifte enthalten, wie z.B. bestimmte Internetseiten, Glücksspiele, elektronische Spiele, Fernsehsendungen, Filme, Zeitschriften, Bücher oder Gespräche. Ich werde mich darin üben, zum gegenwärtigen Augenblick zurückzukommen, um mit den erfrischenden, heilenden und nährenden Elementen in mir und um mich herum in Berührung zu sein. So lasse ich mich weder von Bedauern und Kummer in die Vergangenheit ziehen noch von Sorgen, Angst oder Begierden aus dem gegenwärtigen Augenblick bringen. Ich bin entschlossen, nicht zu versuchen, Einsamkeit, Angst oder anderes Leiden zu überdecken, indem ich mich im Konsum verliere. Ich werde das »Intersein« tief betrachten und auf eine Weise konsumieren, die Frieden, Freude und Wohlergehen sowohl in meinem Körper und Bewusstsein als auch im kollektiven Körper und Bewusstsein meiner Familie, meiner Gesellschaft und unserer Erde bewahrt.

Über den Autor

Der Zen-Meister Thich Nhat Hanh ist eine der großen spirituellen Führungsgestalten unserer Zeit und zugleich Dichter und Friedensaktivist – weltweit für seine wirkmächtigen Unterweisungen über Achtsamkeit und Frieden sowie für seine zahlreichen Bücher bekannt und geachtet. Seine Kernaussage lautet, dass wir durch Achtsamkeit lernen können, glücklich im gegenwärtigen Augenblick zu leben, denn nur so lasse sich wahrer Frieden im eigenen Innern und in der Welt schaffen.

Thich Nhat Hanh spielt eine Schlüsselrolle für die Verbreitung des Buddhismus im Westen. Er hat in Amerika und Europa sechs Klöster gegründet und zahlreiche Praxiszentren aufgebaut. Hinzu kommen Tausende Sanghas – örtliche Gemeinschaften für die Achtsamkeitspraxis. Die von ihm geschaffene weltweit blühende Gemeinschaft von über sechshundert Mönchen und Nonnen und seine nach Zehntausenden zählende Laienschülerschaft sorgen überall auf der Welt – in Schulen, im Berufsleben, im Unternehmensbereich und sogar in Gefängnissen – für die Umsetzung seiner Lehren über Achtsamkeit, die Schaffung von Frieden und den

Aufbau von Gemeinschaften. Martin Luther King nannte diesen zurückhaltenden, bescheidenen Mönch einen »Apostel des Friedens und der Gewaltlosigkeit«.

Thich Nhat Hanh lebt in Plum Village, seinem Achtsamkeitspraxiszentrum in Frankreich.

Praxiszentren von Thich Nhat Hanh

In verschiedenen Gemeinschaften weltweit wird die Kunst des achtsamen Lebens in der Tradition von Thich Nhat Hanh praktiziert. Nachfolgend finden Sie Kontaktadressen, um weitere Informationen zu erhalten, wie Sie an Retreats teilnehmen können:

Plum Village – Praxiszentrum und Kloster
in Südfrankreich:
13, Martineau (New Hamlet) /
F-33580 Dieulivol, Frankreich
www.plumvillage.org

Praxiszentrum und Kloster von Plum Village
in Deutschland:
Europäisches Institut für Angewandten
Buddhismus (EIAB)
Schaumburgweg 3 / D-51545 Waldbröl
Telefon: +49 (0) 2291 907 1373
www.eiab.eu

Laien-Zentren, in denen in der Tradition von Plum Village praktiziert wird:
Intersein-Zentrum
Unterkashof 50 / D-94545 Hohenau
www.intersein-zentrum.de

Quelle des Mitgefühls
Heidenheimer Str. 27 / D-13467 Berlin
www.quelle-des-mitgefuehls.de

Weitere Informationen und Dharma-Talks von Thich Nhat Hanh finden Sie auch auf YouTube, Facebook, www.plumvillage.org und www.wkup.org

Ein Teil der Einkünfte dieses Buches unterstützt die Friedensarbeit von Thich Nhat Hanh. Hier erfahren Sie, wie Sie diese Arbeit weiter unterstützen können: www.thichnhathanhfoundation.org. Vielen Dank!